だいたいで楽しい
フランス語入門

使える文法

稲垣正久 著

SANSHUSHA

はじめに

　本書は、フランス語を初めて習う人向けの入門文法書です。その特徴は、書名が示す通り「だいたい」と「楽しい」です。「だいたい」わかって「楽しく」続けられるように、本当に大事なことだけに絞って、30課のなかで少しずつ示してあります。細かな理屈や詳しい説明は極力避け、単純明快さを追求しました。文法に苦手意識がある方にも使いやすくできていると思います。

　まずは、各課1ページ目の「これだけ」を読んでください。すぐに練習問題を解いてみましょう。最初はすべてできなくてもいいのです。基本的な文ばかりですから、CDも利用して繰り返し練習していきましょう。2ページ目には、もう少しだけ突っ込んだ内容を説明しています。何となくわかったら、3ページ目の練習問題に挑みましょう。

　4ページ目には、「＋α」として新しい項目を掲げました。余裕があったらこれも覚えてください。また、各課で学習した文法を含んだ、文学、映画、フレンチポップスなどのタイトルを挙げています。興味のある作品があったら、実際に鑑賞してみてはいかがでしょう。せっかくフランス語を始めたのですから、ぜひフランス文化にも関心を持ってください。学習がもっと楽しくなりますよ。

　このほか、フランス語文法の難所がわかる「散策マップ」、目標を書き込める「マイ計画表」、持ち歩いていつでも復習できる「カード」を収録しました。大いに活用してくださいね。

　外国語の習得における一番の難点は、それが長い道のりであるのに、進歩がなかなか実感できないことです。大切なのは、とにかく挫折しないこと。そのためには、勉強しただけ必ず上達しているはずだと信じ込む楽観的な気持ちが大切です。ですから、肩の力を抜き、「だいたい」わかればいいぐらいに思って、どうか長く続けてください。「継続は力なり」です。楽しくゆっくり少しずつがんばりましょう。

稲垣正久

本書の使い方

　本書は、ひと通り最後までできるように配慮しました。
① 「これだけ」の内容で、下の問題が解けるようになっています。
② 「もっと」の内容で、次のページの問題が解けるようになっています。
③ 余力のある方は「＋α」も読んでみてください。
④ 5課ごとに「まとめのドリル」があります。力試しにお使いください。
⑤ 「まとめ」は、持ち歩けるように、巻末にカードとしてまとめました。
　本書付属CDは、🔊 マークのついた個所のフランス語を収録しています。
（1課（発音）の単語、2課〜30課はキーフレーズと「これだけ」「問題の答え」「もっと1」「もっと2」、一部の「＋α」、まとめのドリル）

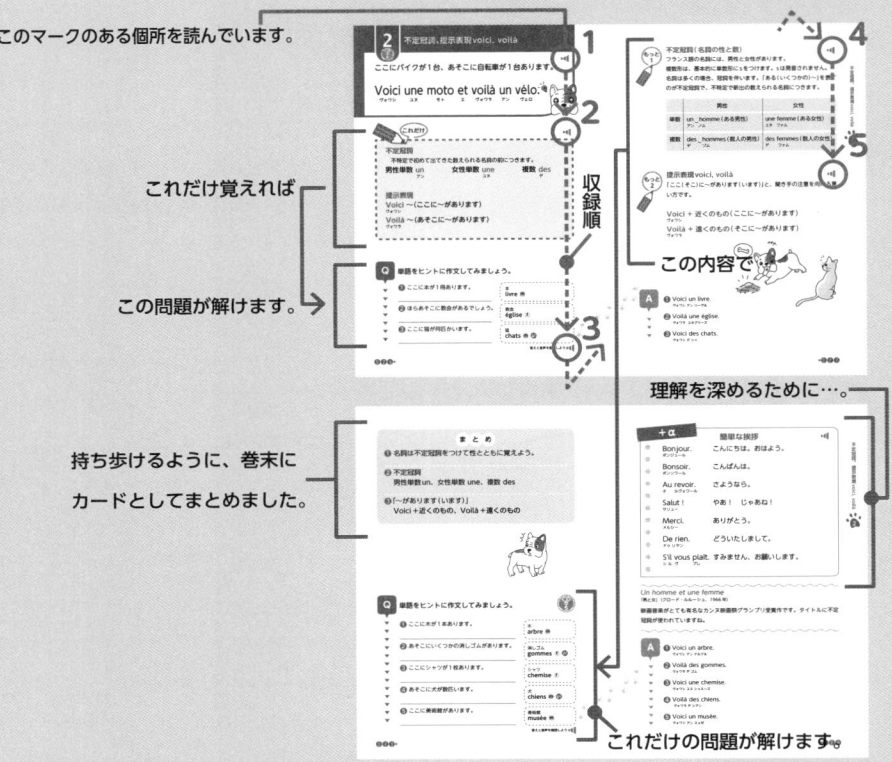

もくじ

フランス語文法散策マップ …………………………………………………… 4
本書の使い方 ………………………………………………………………… 6
夢をかなえる マイ予定表 …………………………………………………… 12

STEP1

1 文字と発音 …………………………………………………………… 16
　私の名前はソフィー、S-O-P-H-I-E です。
　Je m'appelle Sophie, S, O, P , H , I , E.

2 不定冠詞、提示表現 voici, voilà …………………………………… 26
　ここにバイクが1台、あそこに自転車が1台あります。
　Voici une moto et voilà un vélo.

3 定冠詞、提示表現 c'est, ce sont ……………………………………… 30
　あれがマリアンヌの家です。
　C'est la maison de Marianne.

4 部分冠詞、提示表現 il y a ……………………………………………… 34
　冷蔵庫の中にチーズがあります。
　Il y a du fromage dans le frigo.

5 主語人称代名詞、第一群規則動詞 ……………………………………… 38
　私はテレビを見ています。
　Je regarde la télévision.

　　まとめのドリル 1 …………………………………………………… 42
　　コラム① ドアを開けたら …………………………………………… 44

STEP2

6 être、否定文 ·· 46
フランス語は面白いですか？
Le français est intéressant ?

7 avoir ·· 50
お子さんはいらっしゃいますか？
Vous avez des enfants ?

8 所有形容詞 ·· 54
兄は彼の友人と夕食をとる。
Mon frère dîne avec ses amis.

9 疑問文 ·· 58
スポーツはお好きですか？
Aimez-vous le sport ?

10 第二群規則動詞 ··· 62
夏休みはもうすぐ終わります。
Les vacances d'été finissent bientôt.

まとめのドリル 2 ·· 66
コラム② 食事中は ·· 68

STEP3

11 aller / venir ··· 70
この夏、フランスに行きます。
Je vais en France cet été.

12 近接未来・近接過去 ·· 74
私は10分後に出発します。
Je vais partir dans 10 minutes.

13 faire / prendre ·· 78
今日の午後、僕たちはサッカーをします。
Nous faisons du football cet après-midi.

14 形容詞の位置、女性形 ·· 82
それは小さい伝統的な家です。
C'est une petite maison traditionnelle.

15 形容詞の男性単数第二形・複数形 ·· 86
美しい木が一本庭にあります。
Il y a un bel arbre dans le jardin.

まとめのドリル 3 ·· 90
コラム③　ところ変われば ·· 92

STEP4

16 疑問代名詞 ·· 94
これは何ですか？
Qu'est-ce que c'est ?

17 疑問形容詞 quel ·· 98
何歳ですか？
Quel âge avez-vous ?

18 非人称構文 ·· 102
しっかり勉強しなくてはいけない。
Il faut bien travailler.

19 比較級、最上級 ･･････････････････････････････････ 106

パリの物価は東京並みに高い。

A Paris, la vie est aussi chère qu'à Tokyo.

20 不規則動詞 ･･････････････････････････････････････ 110

我々はすぐに出発したい。

Nous voulons partir tout de suite.

まとめのドリル 4 ･･････････････････････････････････････ 114

コラム④　エリートはつらいよ ････････････････････････････ 116

STEP5

21 命令法 ･･ 118

リンゴを食べよう！

Mangeons des pommes !

22 疑問副詞 ･･ 122

どこにお住まいですか？

Où habitez-vous ?

23 複合過去 ･･ 126

私たちはクスクスを食べました。

Nous avons mangé du couscous.

24 補語人称代名詞 ････････････････････････････････････ 130

「愛してる？」「愛してるよ」

Tu m'aimes ? - Oui, je t'aime.

25 代名動詞 ･･ 134

12時に寝ます。

Je me couche à minuit.

まとめのドリル 5 ……………………………………………………………… 138
コラム⑤　櫛の歯が欠けたように ……………………………………… 140

STEP6

26 関係代名詞 ………………………………………………………………… 142
父の勧めてくれたレストランへ行きましょう。
On va au restaurant que mon père nous a recommandé.

27 半過去 ……………………………………………………………………… 146
私が出会ったとき、シャルルは20歳だった。
Lorsque je l'ai rencontré, Charles avait 20 ans.

28 中性代名詞 ………………………………………………………………… 150
「お子さんはいますか？」「はい、1人息子がいます」
Avez-vous des enfants ? -Oui, j'en ai un : un fils.

29 単純未来 …………………………………………………………………… 154
来年フランス人の友人が日本に来ます。
L'année prochaine, mes amis français visiteront le Japon.

30 ジェロンディフ …………………………………………………………… 158
母はラジオを聴きながら料理をしたものだ。
Ma mère faisait la cuisine en écoutant la radio.

まとめのドリル 6 ……………………………………………………………… 162
コラム⑥　グルメばかりでなく …………………………………………… 164

基本単語 …………………………………………………………………………… 165
重要動詞活用表 …………………………………………………………………… 172
おさぼりカード …………………………………………………………………… 177

夢をかなえる マイ計画表

空欄に目標を書き込んで、自分だけの計画表を作ろう。

フランス人の友だちをつくる

STEP5 → 21 / 22 / 23

STEP4 → 16 / 17 / 18 / 19 / 20

15 / 14 / 13 / 12

がんばるぞ！

スタート → STEP1 → 1 / 2 / 3 / 4 / 5

STEP 1

1 文字と発音

私の名前はソフィー、S-O-P-H-I-Eです。

Je m'appelle Sophie,
 ジュ　　マペル　　　　ソフィー
S, O, P, H, I, E.
エス オー ペー アッシュ イー ウー

1 アルファベ

Aa [ɑ] ア	**Bb** [be] ベ	**Cc** [se] セ	**Dd** [de] デ		
Ee [ə] ウ	**Ff** [ɛf] エフ	**Gg** [ʒe] ジェ	**Hh** [aʃ] アッシュ		
Ii [i] イ	**Jj** [ʒi] ジ	**Kk** [kɑ] カ	**Ll** [ɛl] エル	**Mm** [ɛm] エム	**Nn** [ɛn] エヌ
Oo [o] オ	**Pp** [pe] ペ	**Qq** [ky] キュ	**Rr** [ɛr] エール	**Ss** [ɛs] エス	**Tt** [te] テ
Uu [y] ユ	**Vv** [ve] ヴェ	**Ww** [dubləve] ドゥブルヴェ	**Xx** [iks] イクス		
Yy [igrɛk] イグレック	**Zz** [zɛd] ゼッド				

フランス語のアルファベットは、英語と同じ26文字です。英語と読み方が違うだけです。gとj、bとv、eとiなどの違いに注意すれば、フランス語の発音に一歩近づくことができます。

Rの音が特殊なのに気がつきましたか？　これはラ行の音ではなく、喉の奥を震わせて出します。せっかく音のきれいなフランス語を始めるのですから、美しい発音をものにしたいものです。CDをよく聞いて練習しましょう。

表の左端の6文字(a, e, i, o, u, y)が母音字、それ以外が子音字です。

綴り字記号

アルファベには綴り字記号がつくことがあります。アクセント記号ではなく、スペルの一部なので忘れずに書いてください。

´	é	アクサンテギュ (accent aigu)
`	à è ù	アクサン・グラーヴ (accent grave)
^	â ê î ô û	アクサン・シルコンフレックス (accent circonflexe)
¸	ç	セディーユ (cédille)
¨	ë ï ü	トレマ (tréma)
'	l'abbé C	アポストロフ (apostrophe)
-	Aimez-vous	トレ・デュニオン (trait d'union)

このほか、oとeが連続すると、これをつけてœと表記します。

sœur (姉妹)、œuf (卵)
　スール　　　ウフ

2 綴り字と発音

❶ 単母音字

フランス語はスペルと発音がおおむね対応しています。つまり綴りによって読み方が決まっているのです。読み方さえ身につけてしまえば、発音できないことはありません。少しずつ覚えてましょう。
母音字が連続せず1つだけで使われているときは、基本的にローマ字読みしてください。ただし、e だけは複数の読み方があります。

a, à, â [a, ɑ]　ア　table（テーブル）, là（そこ）, pâté（パテ）
　　　　　　　　　　　　ターブル　　　　　ラ　　　　パテ

i, î [i]　　　　　イ　lit（ベッド）, site（サイト）, dîner（夕食）
　　　　　　　　　　　　リ　　　　　　シットゥ　　　　ディネ

o, ô [o, ɔ]　　　オ　poste（郵便局）, soldes（バーゲン）
　　　　　　　　　　　　ポストゥ　　　　　ソルドゥ

u, û [y]　　　　ユ　mur（壁）, bûche（薪）
　　　　　　　　　　　　ミュール　　ビュッシュ

y [i]　　　　　イ　style（スタイル）, type（タイプ）
　　　　　　　　　　　　スティル　　　　　ティプ

---

e　①語末またはeの後に子音が1つのとき＝[ə,–]（ウ、無音）
　　　France（フランス）, carte（カード）, demi（半分）
　　　フランス　　　　　　カルトゥ　　　　ドゥミ

　　②eの後に子音が複数または語末の子音の前＝[e, ɛ]（エ）
　　　merci（ありがとう）, esprit（精神）, avec（〜と）
　　　メルシ　　　　　　　エスプリ　　　　アヴェック

　　③アクサンがついたとき＝[e, ɛ]（エ）
　　　école（学校）, frère（兄弟）, tête（頭）
　　　エコール　　　フレール　　　テットゥ

❷ 複母音字

ai, ei [ɛ]	エ	lait（牛乳）, beige（ベージュ）
		レ　　　　　ベージュ
au, eau [o]	オ	restaurant（レストラン）, gâteau（菓子）
		レストラン　　　　　　ガトー
ou, oû [u]	ウ	soupe（スープ）, goût（味）
		スープ　　　　グー
eu, œu [ø][œ]	ウ	deux（2）, bœuf（牛肉）
		ドゥ　　　　ブフ
oi [wa]	ワ	oiseau（鳥）, croissant（クロワッサン）
		ワゾ　　　　クロワサン

ouははっきりしたウ、eu、œuはあいまいなウの音です。
フランス語は日本語よりも母音の数が多く、エの音にも口を横に広げた音[e]と口を丸く開けた音[ɛ]がありますが、最初のうちはあまり気にしないで、複母音字のルールを早く身につけましょう。

❸ 鼻母音

母音字＋n, mで鼻に抜ける音を表します。その後にb, pが続くときは、口を閉じるのでmになります。これができると、グッとフランス語らしく聞こえますよ。

an, am, en, em [ã] **アン**	banc（ベンチ）, chambre（部屋） バン　　　　　シャンブル	
	vent（風）, exemple（例） ヴァン　　エグザンプル	
in, im, yn, ym [ɛ̃] **アン**	vin（ワイン）, important（重要な） ヴァン　　　アンポルタン	
	syndicat（組合）, sympa（感じのいい） サンディカ　　　　サンパ	
ain, aim, ein [ɛ̃] **アン**	bain（風呂）, faim（空腹） バン　　　　ファン	
	peintre（画家） パントル	
un, um [œ̃] **アン**	lundi（月曜日）, parfum（香水） ランディ　　　　パルファン	
on, om [ɔ̃] **オン**	oncle（おじ）, nombre（数） オンクル　　　　ノンブル	
ien [jɛ̃] **イヤン**	bien（よく）, chien（犬） ビヤン　　　シヤン	
oin [wɛ̃] **ワン**	loin（遠い）, point（点） ロワン　　　　ポワン	

bancとbain、ventとvinを聞き分けられましたか？
フランス語には、「イン」や「エン」「ウン」といった音がないことを覚えておけば、ヘンな読み方をしないですみます。特に英語とスペルが同じものは気をつけましょう。

❹ 半母音

複母音字以外の母音が連続する場合、半母音（もしくは半子音）と呼ばれる音になります。でも、日本語を母語とするみなさんにはさほど難しい音ではありません。ローマ字読みの要領で大丈夫でしょう。

i＋母音	[j]	piano（ピアノ）, étudiant（学生） ピアノ　　　　　　エテュディアン
u＋母音	[ɥ]	parapluie（傘）, nuage（雲） パラプリュイ　　　ニュアージュ
ou＋母音	[w]	oui（はい）, Louis（ルイ） ウイ　　　ルイ

ただし、**yが母音にはさまれるとi２つ分の音を表します。**つまり、voyageはvoi+iageとなります。

ay＋母音	[εj]	crayon（鉛筆）, payer（払う） クレイヨン　　　　ペイエ
oy＋母音	[waj]	voyage（旅行）, royal（王の） ヴォワイヤージュ　ロワイヤル
uy＋母音	[ɥi]	essuyer（拭く） エスイエ

❺ 子音字

子音字も基本はローマ字読みですが、いくつか法則があります。

c+a,o,u [k]	café（カフェ）, comme（のように）, culture（文化）	カフェ　コム　キュルチュール
c+e,i,y [s]	centre（中心）, cinéma（映画館）, cycle（サイクル）	サントル　シネマ　シクル
ç [s]	français（フランス語）, leçon（授業）	フランセ　ルソン
ch [ʃ]	chat（猫）, douche（シャワー）	シャ　ドゥーシュ
g+a,o,u [g]	gare（駅）, gorge（のど）, aigu（とがった）	ガール　ゴルジュ　エギュ
g+e,i,y [ʒ]	rouge（赤）, agir（振る舞う）, gym（ジム）	ルージュ　アジール　ジム
gn [ɲ]	champagne（シャンパン）, cognac（コニャック）	シャンパーニュ　コニャック
h [-]	hôtel（ホテル）, habiter（住む）, héros（英雄）	オテル　アビテ　エロ
ill [ij]	famille（家族）, fille（娘）, oreille（耳）	ファミーユ　フィユ　オレイユ
例外 [il]	ville（町）, mille（千）, tranquille（静かな）	ヴィル　ミル　トランキル
母音+**il** [j]	soleil（太陽）, travail（仕事）, conseil（助言）	ソレイユ　トラヴァイユ　コンセイユ
ph [f]	photo（写真）, philosophie（哲学）	フォト　フィロゾフィ
qu [k]	question（質問）, quatre（4）	ケスチオン　カトル
th [t]	théâtre（劇場）, Thomas（トマ）	テアトル　トマ
母音+**s**+母音 [z]	saison（季節）, rose（バラ）	セゾン　ローズ

語末の子音は原則発音しません。

dessert（デザート）, trop（あまりに）, grand（大きい）
デセール　　　　　　　　　トロ　　　　　　　　グラン

ところが、c, f, r, l は発音することが多いようです。

sac（かばん）, chef（シェフ）, cher（高い）, mal（悪く）
サック　　　　　シェフ　　　　　シェール　　　　マル

そして、**hは発音しません。**

ま と め

❶ フランス語は、綴りと発音が一対一で対応しますが、その規則はちょっと複雑です。**とりあえず、複母音字の読み方を覚え、語末の子音字とeは発音しないで、**あとはローマ字読みでなんとかなりそうです。

❷ importantやcultureのように、英語と同じまたは似たスペルの単語に注意しましょう。

3 音の連続

フランス語の特徴の1つに、母音の連続を嫌うという発音上の傾向があります。aiは「アイ」ではなく「エ」、auは「アウ」ではなく「オ」と発音するのでした。母音の連続を避けるためのルールとして、リエゾン、アンシェヌマン、エリジオンがあります。

❶ リエゾン(liaison)

単独では発音しない語末の子音と、次にくる単語の語頭の母音がつながって、新しい音を作ることです。リエゾンは、必ずする場合、しなくてもいい場合、してはいけない場合があります。

●必ずリエゾンする主なケース

主語代名詞＋動詞　nous‿avons（私たちは持っている）
　　　　　　　　　ヌザヴォン
　　　　　　　　　ils‿habitent（彼らは住んでいる）
　　　　　　　　　イルザビトゥ

冠詞＋名詞　un‿enfant（子ども），les‿Anglais（イギリス人）
　　　　　　アナンファン　　　　　　　レザングレ

形容詞＋名詞　un grand‿homme（偉人），mes‿arbres（私の木）
　　　　　　　アン　グラントム　　　　　　　メザルブル

❷ アンシェヌマン(enchaînement)

発音される語末の子音と、次に来る語の語頭にある母音が結びつき、連続で発音される現象です。

il [il]+ a [α]　　　　　→　　il‿a [ilα]（彼は持っている）
　　　　　　　　　　　　　　　イラ

une [yn]+ école [ekɔl] →　une‿école [ynekɔl]（学校）
　　　　　　　　　　　　　　　ユネコール

❸ エリジオン (élision)

次に母音もしくは無音の h(囲み記事参照)で始まる言葉がくるとき、語末の母音字が欠落してアポストロフ「'」に変わることを言います。エリジオンは以下の基本単語11個においてのみ起こる現象で、**英語とちがい、母音字省略は必ず行わなければなりません。**

●エリジオンが起こる単語

je, le, la, ce, ne, de, que, me, te, se, si :
ce + est → c'est　je + ai → j'ai　la + entrée → l'entrée
　　　　　セ　　　　　　　　ジェ　　　　　　　　　　ラントレ

無音の h、有音の h

フランス語では、h の音を発音しません。しかし、h で始まる単語は「無音の h」と「有音の h」の 2 種類に区別されます。
辞書では、有音の h で始まる単語には、「†héros (英雄)」のように † の印がついています。
頭のすみっこに入れておいてください。

L'abbé C
『C 神父』(ジョルジュ・バタイユ、1950 年)

『C 神父』という小説の題名ですが、定冠詞がついて発音は「ラベセ」、つまり L'abc と同じという言葉遊びです。

2 不定冠詞、提示表現 voici, voilà

ここにバイクが1台、あそこに自転車が1台あります。

Voici une moto et voilà un vélo.
ヴォワシ　ユヌ　　モト　　エ　ヴォワラ　アン　ヴェロ

これだけ

不定冠詞

不特定で初めて出てきた数えられる名詞の前につきます。

男性単数 un　　**女性単数 une**　　**複数 des**
　　　　アン　　　　　　　　ユヌ　　　　　　　　デ

提示表現

Voici 〜（ここに〜があります）
ヴォワシ

Voilà 〜（あそこに〜があります）
ヴォワラ

Q 単語をヒントに作文してみましょう。

❶ ここに本が1冊あります。

本
livre m

❷ ほらあそこに教会があるでしょう。

教会
église f

❸ ここに猫が何匹かいます。

猫
chats m pl

答えと音声を確認しよう

不定冠詞（名詞の性と数）

フランス語の名詞には、男性と女性があります。
複数形は、基本的に単数形にsをつけます。sは発音されません。
名詞は多くの場合、冠詞を伴います。「ある（いくつかの）～」を表すのが不定冠詞で、不特定で新出の数えられる名詞につきます。

	男性	女性
単数	un‿homme（ある男性） アン ノム	une femme（ある女性） ユヌ ファム
複数	des‿hommes（数人の男性） デ ゾム	des femmes（数人の女性） デ ファム

提示表現 voici, voilà

「ここ（そこ）に～があります（います）」と、聞き手の注意を向ける言い方です。

Voici + 近くのもの（ここに～があります）
ヴォワシ

Voilà + 遠くのもの（そこに～があります）
ヴォワラ

❶ Voici un livre.
ヴォワシ アン リーヴル

❷ Voilà une église.
ヴォワラ ユネグリーズ

❸ Voici des chats.
ヴォワシ デ シャ

まとめ

❶ 名詞は不定冠詞をつけて性とともに覚えよう。

❷ 不定冠詞
男性単数 un、女性単数 une、複数 des

❸ 「〜があります（います）」
Voici ＋近くのもの、Voilà ＋遠くのもの

Q 単語をヒントに作文してみましょう。

❶ ここに木が1本あります。

木
arbre m

❷ あそこにいくつかの消しゴムがあります。

消しゴム
gommes f pl

❸ ここにシャツが1枚あります。

シャツ
chemise f

❹ あそこに犬が数匹います。

犬
chiens m pl

❺ ここに美術館があります。

美術館
musée m

答えと音声を確認しよう

簡単な挨拶

	Bonjour. ボンジュール	こんにちは。おはよう。
	Bonsoir. ボンソワール	こんばんは。
	Au revoir. オ ルヴォワール	さようなら。
	Salut ! サリュー	やあ！ じゃあね！
	Merci. メルシー	ありがとう。
	De rien. ドゥ リヤン	どういたしまして。
	S'il vous plaît. シル ヴ プレ	すみません、お願いします。

Un homme et une femme
『男と女』（クロード・ルルーシュ、1966年）

映画音楽がとても有名なカンヌ映画祭グランプリ受賞作です。タイトルに不定冠詞が使われていますね。

A
1. Voici un arbre.
   ヴォワシ アン ナルブル
2. Voilà des gommes.
   ヴォワラ デ ゴム
3. Voici une chemise.
   ヴォワシ ユヌ シュミーズ
4. Voilà des chiens.
   ヴォワラ デ シアン
5. Voici un musée.
   ヴォワシ アン ミュゼ

3 定冠詞、提示表現 c'est, ce sont

あれがマリアンヌの家です。

C'est la maison de Marianne.
セ　ラ　　メゾン　　ドゥ　　マリアンヌ

これだけ

定冠詞

既出、または「その」「例の」など特定できる名詞につきます。

男性単数 **le** (l')　女性単数 **la** (l')　　複数 **les**
　　　　　ル　　　　　　　　　　ラ　　　　　　　　　　レ

提示表現

単数 **C'est** 〜（これは〜です）
　　　セ

複数 **Ce sont** 〜（これらは〜です）
　　　ス　ソン

Q 単語をヒントに作文してみましょう。

❶ これは携帯電話です。

＿＿＿＿＿＿＿＿＿＿＿＿＿＿＿＿＿＿

> 携帯電話
> **un portable**

❷ あれらはマリーの子どもたちです。

＿＿＿＿＿＿＿＿＿＿＿＿＿＿＿＿＿＿

> マリーの子どもたち
> **les enfants de Marie**

❸ これはソルボンヌ大学です。

＿＿＿＿＿＿＿＿＿＿＿＿＿＿＿＿＿＿

> ソルボンヌ大学
> **la Sorbonne**

答えと音声を確認しよう

定冠詞

特定できる名詞、物事の総称に使われます。

男性単数	**le** (l') ル	le restaurant（レストラン）, l'hôtel（ホテル） ル レストラン　　　　　　　　ロテル
女性単数	**la** (l') ラ	la saison（季節）, l'adresse（住所） ラ セゾン　　　　　ラドレス
複数	**les** レ	les lunettes（眼鏡）, les chaussures（靴） レ　リュネットゥ　　　　レ　ショシュール

＊le, la は、母音または無音のhの前でエリジオンしてl'になります。

提示表現 c'est, ce sont

「これは何ですか？」と聞かれたときの答え方です。

C'est ＋単数名詞（これ（それ）は〜です）
セ

Ce sont ＋複数名詞（これら（それら）は〜です）
ス　ソン

C'est la Tour Eiffel.
セ　　ラ　トゥール　エフェル
（あれはエッフェル塔です）

❶ C'est un portable.
　セ タン ポルターブル

❷ Ce sont les enfants de Marie.
　ス ソン レ ザンファン ドゥ マリー

❸ C'est la Sorbonne.
　セ ラ ソルボンヌ

まとめ

❶ 定冠詞：男性単数 le (l')、女性単数 la (l')、複数 les

❷ 新出の名詞には不定冠詞、既出の名詞には定冠詞、と覚えよう。

❸ 提示表現「これは・これらは〜です」
C'est ＋単数名詞
Ce sont ＋複数名詞

Q （　）内に定冠詞を入れて文を完成させましょう。

❶ あれはパトリックのパソコンです。
　 C'est (　) ordinateur de Patrick.

パソコン
ordinateur m

❷ これはオルセー美術館です。
　 C'est (　) musée d'Orsay.

美術館
musée m

❸ すみません。地下鉄の駅は？
　 Pardon, (　) station de métro, s'il vous plaît.

駅
station f

❹ これらは学校の車です。
　 Ce sont (　) voitures de (　) école.

車
voiture f

答えと音声を確認しよう

数字 1 〜 10

「1」は不定冠詞と同じで、男性・女性の区別があります。

1	un, une アン ユヌ	6	six シス
2	deux ドゥ	7	sept セットゥ
3	trois トロワ	8	huit ユイットゥ
4	quatre カトル	9	neuf ヌフ
5	cinq サンク	10	dix ディス

Les Misérables
『レ・ミゼラブル』(ヴィクトル・ユゴー、1862年)

定冠詞がついた名称で日本で知られているものに、鍋の「ル・クルーゼ」(le creuset)、オペラ『ラ・ボエーム』(La Bohème) などがあります。

A

❶ C'est l'ordinateur de Patrick.
　セ ロルディナトゥール ドゥ パトリック

❷ C'est le musée d'Orsay.
　セ ル ミュゼ ドルセ

❸ Pardon, la station de métro, s'il vous plaît.
　パルドン ラ スタシヨン ドゥ メトロ シル ヴ プレ

❹ Ce sont les voitures de l'école.
　ス ソン レ ヴォワチュール ドゥ レコール

4 部分冠詞、提示表現 il y a

冷蔵庫の中にチーズがあります。

Il y a du fromage dans le frigo.
イ リ ヤ　デュ　　フロマージュ　　　ダン　ル　　フリゴ

これだけ

部分冠詞
数えられない名詞につきます。
男性形 du (de l')
　　　デュ
女性形 de la (de l')
　　　ドゥ ラ

提示表現
Il y a ＋単数、複数名詞（〜があります、います）
イ リ ヤ

Q 単語をヒントに作文してみましょう。

❶ 冷蔵庫の中に肉と水があります。

　　肉　　　　水
　viande f , **eau** f

❷ テーブルの上にパンとバターがあります。

　パン　　バター　テーブルの上に
　pain m , **beurre** m , **sur la table**

❸ 車の中に子どもが２人います。

　子ども２人　　　車
　deux enfants, la voiture

答えと音声を確認しよう

部分冠詞

不特定の数えられない名詞には、部分冠詞がつきます。液体、気体、食糧などの物質名詞、勇気や金銭などの抽象名詞などです。

男性名詞	du café（珈琲）， デュ カフェ	de l'argent（金銭） ドゥ ラルジャン
女性名詞	de la chance（運）， ドゥ ラ シャンス	de l'huile（油） ドゥ リュイル

母音もしくは無音のhで始まる名詞の前では、男女とも de l' になります。複数形はありません。

提示表現 Il y a

英語のThere is, There are にあたり、単複の区別はありません。

Il y a une maison sur la colline.
イリ ヤ ユヌ メゾン シュール ラ コリヌ
（丘の上に家が1軒あります）

Il y a dix étudiants dans la classe.
イリヤ ディ ゼテュディアン ダン ラ クラス
（教室に学生が10人います）

A

❶ Il y a de la viande et de l'eau dans le frigo.
イリヤ ドゥ ラ ヴィアンド エ ドゥ ロ ダン ル フリゴ

❷ Il y a du pain et du beurre sur la table.
イリ ヤ デュ パン エ デュ ブール シュール ラ ターブル

❸ Il y a deux enfants dans la voiture.
イリヤ ドゥ ザンファン ダン ラ ヴォワチュール

まとめ

❶ 部分冠詞は数えられない名詞につく。

du poisson（切り身の魚）
＊「海で泳ぐ魚」は数えられるので **un** poisson。

du café（コーヒー）
＊「喫茶店」は数えられるので **un** café。

❷ 「〜があります（います）」
Il y a ＋不定・部分冠詞＋名詞
＊場所は、前置詞（dans（〜の中に）, sur（〜の上に）など）＋定冠詞＋名詞で表します。

Q （ ）内に冠詞を入れて文を完成させましょう。

❶ グラスの中にビールがあります。
Il y a (   ) bière dans (   ) verre.

ビール **bière** f ,
グラス **verre** m

❷ 高校の前にバスが1台とまっています。
Il y a (   ) autobus devant (   ) lycée.

バス **autobus** m ,
高校 **lycée** m

❸ かごの中に野菜が入っています。
Il y a (   ) légumes dans (   ) panier.

野菜 **légume** m ,
かご **panier** m

❹ テーブルの上に塩と胡椒があります。
Il y a (   ) sel et (   ) poivre sur (   ) table.

塩 **sel** m , 胡椒 **poivre** m

❺ 椅子の上に猫が1匹います。
Il y a (   ) chat sur (   ) chaise.

椅子 **chaise** f

答えと音声を確認しよう

+α 数字 11〜20

17〜19はdix（10）に7、8、9を続けた形になります。

11	onze オンズ	16	seize セーズ
12	douze ドゥーズ	17	**dix-sept** ディセット
13	treize トレーズ	18	**dix-huit** ディズユイット
14	quatorze カトールズ	19	**dix-neuf** ディズヌフ
15	quinze キャーンズ	20	vingt ヴァン

J'ai du bon tabac
『いいタバコがあるよ』（G・シャルル・ドゥ・ラテニャン作詞、1760年頃）

18世紀に作られた童謡です。作曲者不明。タバコの葉は粉々で数えられません。「私は良質のタバコを持っている」という意味です。

A

❶ Il y a de la bière dans le verre.
イリヤ ドゥ ラ ビエール ダン ル ヴェール

❷ Il y a un autobus devant le lycée.
イリヤ アノトビュス ドゥヴァン ル リセ

❸ Il y a des légumes dans le panier.
イリヤ デ レギューム ダン ル パニエ

❹ Il y a du sel et du poivre sur la table.
イリヤ デュ セル エ デュ ポワーヴル シュール ラ ターブル

❺ Il y a un chat sur la chaise.
イリヤ アン シャ シュール ラ シェーズ

5 主語人称代名詞、第一群規則動詞

私はテレビを見ています。

Je regarde la télévision.
ジュ　ルギャルドゥ　ラ　テレヴィジオン

これだけ

-erで終わる動詞のほとんどは、規則的な活用をします。
不定法から-erを除いた部分に、以下の活用語尾をつけます。

je(私は) ジュ	-e	**nous**(私たちは) ヌ	-ons
tu(君は) テュ	-es	**vous**(あなたがたは) ヴ	-ez
il(彼は) イル	-e	**ils**(彼らは) イル	-ent

Q 単語をヒントに作文してみましょう。

❶ 私は田舎に住んでいます。
　住む　　田舎に
　habiter, à la campagne

❷ あなたはたくさん働きますね。
　働く　　　たくさん
　travailler, beaucoup

❸ ニコラ（Nicolas）は英語を話します。
　話す　英語
　parler, anglais

答えと音声を確認しよう

主語人称代名詞

	単数	複数
1人称	je (j')（私は） ジュ	nous（私たちは） ヌ
2人称	tu（君は） テュ	vous（あなたは／君たちは、あなた方は） ヴ
3人称	il（彼は、それは） イル elle（彼女は、それは） エル	ils（彼らは、それらは） イル elles（彼女たちは、それらは） エル

＊je（私）は、母音、無音のhの前でエリジオン(je → j')します。
＊2人称単数には、親称tuと敬称vousがあり、複数はどちらもvousです。
＊3人称の代名詞(il, elle, ils, elles)は、人以外の名詞も受けます。

第一群規則動詞

動詞の9割以上がこのグループに属します。

regarder（見る）

	単数	複数
1人称	je regarde ジュ ルギャルドゥ	nous regardons ヌ ルギャルドン
2人称	tu regardes テュ ルギャルドゥ	vous regardez ヴ ルギャルデ
3人称	il regarde イル ルギャルドゥ	ils regardent イル ルギャルドゥ

＊elle, ellesの活用はil, ilsと同じです。
＊nousとvous以外の人称では活用部分の発音は同じです。
　3人称複数(ils)の語尾-entは発音しません。
＊母音、無音のhで始まる動詞は、主語人称代名詞と音がつながります。

A

❶ J'habite à la campagne.
ジャビッタ ラ カンパーニュ

❷ Vous travaillez beaucoup.
ヴ トラヴァイエ ボクー

❸ Nicolas parle anglais.
ニコラ パルル アングレ

まとめ

❶ フランス語では動詞が主語に合わせて活用する。

❷ 主語人称代名詞は、je, tu, il/elle, nous, vous, ils/elles

❸ 第一群規則動詞
不定法から -er を除いた部分に、以下の活用語尾をつける。
regard**er** → regard + **-e, es, -e, -ons, -ez, -ent**

Q ヒントの動詞を活用して文を完成させましょう。

❶ エリックはリヨンに住んでいます。
　Eric (　　　) à Lyon.

住む
habiter

❷ あなたはラジオを聴いています。
　Vous (　　　) la radio.

聴く
écouter

❸ 君は窓を閉める。
　Tu (　　　) les fenêtres.

閉める
fermer

❹ 彼女たちは踊りが上手だ。
　Elles (　　　) bien.

踊る
danser

答えと音声を確認しよう

+α 数字 21〜30

一の位が 1 のときは et で結び、2〜9 は「-」でつなぎます。

21	vingt et un ヴァン テ アン	26	vingt-six ヴァンシス
22	vingt-deux ヴァンドゥ	27	vingt-sept ヴァンセットゥ
23	vingt-trois ヴァントロワ	28	vingt-huit ヴァンチュイットゥ
24	vingt-quatre ヴァンカトル	29	vingt-neuf ヴァントゥヌフ
25	vingt-cinq ヴァンサンク	30	trente トラント

J'accuse !
『私は弾劾する！』（エミール・ゾラ、1898 年）

エミール・ゾラはドレフュス事件での軍部の陰謀を非難しました。accuser は、「糾弾する」という意味の第一群規則動詞です。

A

❶ Eric habite à Lyon.
エリック アビッタ リヨン

❷ Vous écoutez la radio.
ヴ ゼクテ ラ ラディオ

❸ Tu fermes les fenêtres.
テュ フェルム レ フネートル

❹ Elles dansent bien.
エル ダンス ビヤン

まとめのドリル 1

1 下線部の発音がほかの2つと違う単語を選びましょう。

① (a) pr<u>e</u>mier   (b) d<u>e</u>rnier   (c) f<u>ê</u>te

② (a) <u>ga</u>rde   (b) <u>ge</u>nre   (c) <u>go</u>rge

③ (a) portr<u>ai</u>t   (b) ch<u>a</u>teau   (c) g<u>au</u>che

④ (a) mi<u>ll</u>e   (b) genti<u>ll</u>e   (c) bi<u>ll</u>et

⑤ (a) <u>c</u>erise   (b) le<u>ç</u>on   (c) <u>c</u>ahier

2 日本語訳を参考にかっこ内に適当な冠詞を入れましょう。

① Voilà (　　) lac Léman.
ほら、あれがレマン湖ですよ。

② C'est (　　) dictionnaire français-japonais.
これは仏和辞典です。

③ Ce sont (　　) cravates de Didier.
これらはディディエのネクタイです。

④ Il y a (　　) mots difficiles.
難しい言葉があります。

⑤ Il y a (　　) vin dans (　　) bouteille.
瓶の中にワインがあります。

3 動詞を適当な形に活用しましょう。

① Nous (　　　) dans l'avion.　　　　　　[**monter**]
　我々は飛行機に乗ります。

② Les sœurs (　　　) bien.　　　　　　　　[**chanter**]
　あの姉妹は歌が上手だ。

③ Vous (　　　) dans un café.　　　　　　[**entrer**]
　君たちはカフェに入ります。

④ Eloïse (　　　) un cadeau à Georges.　　[**donner**]
　エロイーズはジョルジュにプレゼントをあげます。

⑤ Tu (　　　) Kyoto.　　　　　　　　　　　[**visiter**]
　君は京都を訪れます。

こたえ

1
① (a)　② (b)　③ (a)　④ (a)　⑤ (c)

2
① le　② un　③ les　④ des　⑤ du, la

3
① montons　② chantent　③ entrez　④ donne　⑤ visites

コラム 1

ドアを開けたら

　パリを訪れると、その街並みが日本とはだいぶ違うことに気づくでしょう。まず目につくのは、電柱や自動販売機がないこと、建物の高さや色合いがブロックごとに統一されていることなどでしょうか。電線は地下を通っていますし、自販機は防犯上街頭には設置されません。アメリカの某有名ファーストフードチェーン店も、フランスに進出した 80 年代当初は、あの真っ赤なものではなく、くすんだ茶色の看板を掲げていたものです。

　そして、建物の入り口などに自動ドアが少ないことにも、やがて気がつくでしょう。中に入る時は、そのドアを押して開けたまま、必ず後ろを振り返って後から来る人を待ちましょう。引き戸文化の日本ではあまり見かけない光景ですね。まだ遠くにいる人を待つと、かえってその人をせかすことになるから気をつけましょう。まあ、すぐに慣れますがね。

STEP 2

6 être、否定文

フランス語は面白いですか？

Le français est intéressant ?
ル　　フランセ　　　エ　　　タンテレサン

これだけ

être (〜である) の直説法現在

	単数	複数
1人称	je suis ジュ スイ	nous sommes ヌ ソム
2人称	tu es テュ エ	vous êtes ヴ ゼットゥ
3人称	il est イル レ elle est エル レ	ils sont イル ソン elles sont エル ソン

Q 単語をヒントに作文してみましょう。

❶ 彼らは満足しています。

　満足している
　contents

❷ カトリーヌ (Catherine) は弁護士です。

　弁護士
　avocate

❸ 私たちは東京にいます。

　東京に
　à Tokyo

答えと音声を確認しよう

êtreの直説法現在

英語のbe動詞に当たるêtreは、最も不規則な活用をする最重要動詞です。

Je suis Japonais.
ジュ スイ ジャポネ
(私は日本人です)

Vous êtes dans un café.
ヴ ゼットゥ ダン ザン カフェ
(あなた方はカフェにいます)

C'est un manuel de français.
セ タン マニュエル ドゥ フランセ
(これはフランス語の教科書です)

＊3課で学んだc'est, ce sontの動詞もêtreの3人称ですね。

否定文

ne＋動詞＋pas

Elle n'est pas grande.
エル ネ パ グランドゥ
(彼女は背が高くない)

＊neは母音、無音のhの前ではエリジオンしてn'になります。

A

① Ils sont contents.
イル ソン コンタン

② Catherine est avocate.
カトリーヌ エ タヴォカト

③ Nous sommes à Tokyo.
ヌ ソム ア トキョ

ま と め

❶ être の直説法現在

je suis	nous sommes
tu es	vous êtes
il/elle est	ils/elles sont

❷ 否定文は、動詞を ne と pas で挟んで作る。
Elle **est** grande. → Elle **n'est pas** grande.

Q 単語をヒントに作文してみましょう。

❶ 彼女たちは中国人ではありません。
────────────────

中国人
Chinoises

❷ 私たちは疲れています。
────────────────

疲れた
fatigués

❸ あなたはパリジェンヌですか？
────────────────

パリジェンヌ
Parisienne

❹ これらは鉛筆です。
────────────────

鉛筆
des crayons

❺ 私は教師ではありません。
────────────────

教師
professeur

+α 数字 40 〜 79

70以降は、60に10〜19を足したものになります。

40	quarante カラントゥ	74	soixante-quatorze ソワサントゥカトールズ
50	cinquante サンカントゥ	75	soixante-quinze ソワサントゥキャーンズ
60	soixante ソワサントゥ	76	soixante-seize ソワサントゥセーズ
70	soixante-dix ソワサントゥディス	77	soixante-dix-sept ソワサントゥディセット
71	soixante et onze ソワサンテオンズ	78	soixante-dix-huit ソワサントゥディズユイット
72	soixante-douze ソワサントゥドゥーズ	79	soixante-dix-neuf ソワサントゥディズヌフ
73	soixante-treize ソワサントゥトレーズ		

être、否定文

A

❶ Elles ne sont pas Chinoises.
エル ヌ ソン パ シノワーズ

❷ Nous sommes fatigués.
ヌ ソム ファティゲ

❸ Vous êtes Parisienne ?
ヴ ゼット パリジエンヌ

❹ Ce sont des crayons.
ス ソン デ クレイヨン

❺ Je ne suis pas professeur.
ジュ ヌ スイ パ プロフェッスール

7 avoir

お子さんはいらっしゃいますか？

Vous avez des enfants ?
ヴ　　ザヴェ　　デ　　ザンファン

avoir（持っている）の直説法現在

	単数	複数
1人称	j'ai ジェ	nous avons ヌ ザヴォン
2人称	tu as テュ ア	vous avez ヴ ザヴェ
3人称	il a イル ラ / elle a エル ラ	ils ont イル ゾン / elles ont エル ゾン

Q 単語をヒントに作文してみましょう。

① 猫を1匹飼っています。

猫
chat

② 彼女たちはついている。

ついている
avoir de la chance

③ ポール（Paul）はたくさん本を持っています。

たくさんの本
beaucoup de livres

答えと音声を確認しよう

もっと1 avoirの用法

年齢は、「その年をもっている」と言い、avoirを用います。

Tu as dix ans.（君は10歳です）
テュ ア ディ ザン

il y a の a も avoir の活用で、il は非人称の主語です。

Il y a un supermarché à côté de l'église.
イリヤ アン シュペールマルシェ ア コテ ドゥ レグリーズ
（教会の隣にスーパーがあります）

J'ai faim.（おなかがすいた）
ジェ ファン

Vous avez raison.（あなたは正しい）
ヴ ザヴェ レゾン

Tu n'as pas chaud ?（暑くない？）
テュ ナ パ ショ

もっと2 否定のde

否定文では、直接目的語につく不定冠詞、部分冠詞はde (d')になります。

Nous n'avons pas d'enfants. （des→d'）
ヌ ナヴォン パ ダンファン
（私たちには子供はいない）

定冠詞、êtreの文の冠詞は変化しません。

Ce ne sont pas des livres.
ス ヌ ソン パ デ リーブル
（これらは本ではありません）

A

❶ **J'ai un chat.**
ジェ アン シャ

❷ **Elles ont de la chance.**
エル ゾン ドゥ ラ シャンス

❸ **Paul a beaucoup de livres.**
ポール ア ボクー ドゥ リーヴル

まとめ

❶ avoirは不規則変化する。

j'ai	nous avons
tu as	vous avez
il/elle a	ils/elles ont

❷ avoir ○ ans「〜歳です」、avoir + faim（空腹だ）、chaud（暑い）、froid（寒い）などの表現がある。

❸ 否定のde：un, une, des, du, de la → de (d')

Q 日本語訳を参考に、avoirを適当な形に活用して入れましょう。

❶ 彼女たちは犬を3匹飼っている。
　　Elles (　　) trois chiens.

❷ 少し寒いです。
　　Nous (　　) un peu froid.

少し
un peu

❸ お金ありますか？
　　Vous (　　) de l'argent ?

お金
argent m

❹ ペン持ってる？
　　Tu (　　) un stylo ?

ペン
stylo m

❺ 若者は皆携帯を持っている。
　　Les jeunes (　　) tous un portable.

携帯電話
portable m

答えと音声を確認しよう

+α 数字 80 ～ 100

80は「4×20」。それ以降は、それに1～19を足します。

80	quatre-vingts カトルヴァン	90	quatre-vingt-dix カトルヴァンディス
81	quatre-vingt-un カトルヴァンアン	91	quatre-vingt-onze カトルヴァンオンズ
82	quatre-vingt-deux カトルヴァンドゥ	93	quatre-vingt-treize カトルヴァントレーズ
88	quatre-vingt-huit カトルヴァンユイット	99	quatre-vingt-dix-neuf カトルヴァンディズヌフ
89	quatre-vingt-neuf カトルヴァンヌフ	100	cent サン

Les Dieux ont soif

『神々は渇く』(アナトール・フランス、1912年)

フランス革命期のパリを描いた、大作家アナトール・フランスの代表作の1つです。「神々は渇きを持っている」という意味ですね。

avoir 7

A

❶ Elles ont trois chiens.
エル ゾン トロワ シアン

❷ Nous avons un peu froid.
ヌ ザヴォン アン プ フロワ

❸ Vous avez de l'argent ?
ヴ ザヴェ ドゥ ラルジャン

❹ Tu as un stylo.
テュ ア アン スティロ

❺ Les jeunes ont tous un portable.
レ ジュヌ オン トゥス アン ポルタブル

8 所有形容詞

兄は彼の友人と夕食をとる。

Mon frère dîne avec ses amis.
モン　フレール　ディーヌ　アヴェク　セ　ザミ

これだけ

所有形容詞は、修飾する名詞の性・数によって変化します。「モンマメ、トンタテ、ソンサセ」と覚えます。

	男性単数	女性単数	複数
私の	mon モン	ma マ	mes メ
君の	ton トン	ta タ	tes テ
彼、彼女の	son ソン	sa サ	ses セ

Q 単語をヒントに作文してみましょう。

❶ 彼の両親はマルセイユに住んでいます。
両親　住む　マルセイユに
parents, habiter, à Marseille

❷ 母はこの建物の中で働いています。
母　働く　この建物
mère, travailler, cet immeuble

❸ 君の高校は駅から遠いの？
高校　遠い　駅から
lycée m, loin, de la gare

答えと音声を確認しよう

もっと1 所有形容詞

英語のmyやyourにあたります。名詞の性数に応じて変化します。

	男性単数	女性単数	複数
私の	**mon**	**ma** (mon)	**mes**
君の	**ton**	**ta** (ton)	**tes**
彼、彼女の	**son**	**sa** (son)	**ses**
私たちの	**notre** ノートル	**notre** ノートル	**nos** ノ
あなた(がた)の	**votre** ヴォートル	**votre** ヴォートル	**vos** ヴォ
彼ら、彼女たちの	**leur** ルール	**leur** ルール	**leurs** ルール

もっと2 sa fille は「彼の娘」「彼女の娘」

3人称は、彼、彼女の区別はなく、名詞の性数にしたがって変化します。sa fille は、「彼の娘」「彼女の娘」2つの可能性があります。

母音、無音のhで始まる女性名詞の前では、男性形を用います。
ton amie（君の彼女）
トナミ

＊ton ami（君の彼氏）と発音も同じ。

A

❶ Ses parents habitent à Marseille.
セ パラン アビタ マルセイユ

❷ Ma mère travaille dans cet immeuble.
マ メール トラヴァイユ ダン セティムーブル

❸ Ton lycée est loin de la gare ?
トン リセ エ ロワン ドゥ ラ ガール

まとめ

❶ 英語のmyやyourにあたり、修飾する名詞と性数一致する。

	男性単数	女性単数	複数
私の	mon	ma (mon)	mes
君の	ton	ta (ton)	tes
彼、彼女の	son	sa (son)	ses
私たちの	notre	notre	nos
あなたが(がた)の	votre	votre	vos
彼ら、彼女たちの	leur	leur	leurs

❷ 所有者ではなく、所有される名詞の性に従う。
＊son filsは、彼(または彼女)の息子。

Q 適当な所有形容詞を入れて文を完成させましょう。

❶ 私たちの犬は散歩が大好きだ。
　　(　　) chien aime bien la promenade.

大好きだ **aimer bien**

❷ 彼女は祖父母の家にいます。
　　Elle est chez (　　) grands-parents.

祖父母 **grands-parents** pl

❸ これが私の住所です。
　　Voici (　　) adresse.

住所 **adresse** f

❹ 彼らの叔母さんはカンヌに大きな別荘を持っています。
　　(　　) tante a une grande villa à Cannes.

別荘 **villa** f

❺ あなたのお兄さんは学生じゃないね。
　　Il n'est pas étudiant, (　　) frère.

兄 **frère** m

答えと音声を確認しよう

+α 指示形容詞「この・その・あの」

男性単数 ce (cet)　　**女性単数 cette**　　**複数形 ces**

ce musée (この美術館)　　cette bibliothèque (その図書館)
ス　ミュゼ　　　　　　　セットゥ ビブリオテク

母音、無音のhで始まる男性単数名詞の前では、cet になります。

cet hôtel (あのホテル)
セットテル

Mon père, ce héros
『さよならモンペール』（ジェラール・ロジエ、1991年）

父娘のバカンスを描いたジェラール・ドゥパルデュー主演のラブコメディー。hérosのhは有音ですから、cetではなくceです。

A

❶ Notre chien aime bien la promenade.
ノートル シアン エーム ビヤン ラ プロムナード

❷ Elle est chez ses grands-parents.
エ レ シェ セ グランパラン

❸ Voici mon adresse.
ヴォワシ モナドレス

❹ Leur tante a une grande villa à Cannes.
ルール タントゥ ア ユヌ グランドゥ ヴィラ ア カンヌ

❺ Il n'est pas étudiant, votre frère.
イル ネ パ ゼテュディアン ヴォートル フレール

9 疑問文

スポーツはお好きですか？

Aimez-vous le sport ?
エメ　　ヴ　　ル　スポール

これだけ

疑問文の作り方

①イントネーションを上げる。
　Vous aimez le sport ?
　ヴ　ゼメ　　ル　スポール

②文頭に Est-ce que をつける。
　Est-ce que vous aimez le sport ?
　エス ク　　ヴ　ゼメ　　ル　スポール

③主語と動詞を倒置する。
　Aimez-vous le sport ?
　エメ　　ヴ　　ル　スポール

Q 単語をヒントに作文してみましょう。

❶ ワインは好き？
＿＿＿＿＿＿＿＿＿＿＿＿＿＿

好きだ　ワイン
aimer, le vin

❷ 奥さんは帽子をかぶっていますか？
＿＿＿＿＿＿＿＿＿＿＿＿＿＿

奥さん　身につける　帽子
femme, porter, chapeau m

❸ あなたは船を持っていますか？
＿＿＿＿＿＿＿＿＿＿＿＿＿＿

船
bateau m

答えと音声を確認しよう

疑問文の作り方

語尾のイントネーションを上げるほかに、文頭にEst-ce queをつける、主語と動詞を倒置する方法があります。

Est-ce qu'elles sont jeunes ?（彼女たちは若いのですか？）
エス　ケル　　　　ソン　　ジュヌ

Habites-tu à Paris ?（君はパリに住んでいるの？）
アビトゥ　　　テュ ア パリ

＊倒置した動詞と主語は「-」で結びます。

第一群規則動詞やavoirなど、3人称単数で動詞が母音で終わる場合、**母音の連続を避けるため-t-が挿入されます。**

Chante-**t**-il bien ?
シャントゥ　ティル ビヤン
（彼は歌が上手ですか？）

固有名詞・普通名詞が主語の場合

主語が固有名詞や普通名詞の場合、代名詞で受けてから倒置します。

Ces bières sont-**elles** belges ?
セ　ビエール　ソン　テル　　ベルジュ
（これらのビールはベルギービールですか？）

A

❶ Tu aimes le vin ?
テュ エム ル ヴァン

❷ Est-ce que votre femme porte un chapeau ?
エス ク ヴォートル ファム ポルトゥ アン シャポー

❸ Avez-vous un bateau ?
アヴェ ヴ アン バトー

まとめ

❶ イントネーションを上げる。

❷ 文頭に Est-ce que をつける。
  ＊que はエリジオンする。

❸ 主語と動詞を倒置する。
  ＊倒置した動詞と主語は「-」で結ぶ。

❹ 主語が代名詞以外のとき：
  主語名詞 動詞 - 代名詞〜？

Q ①②を Est-ce que のついた疑問文、③〜⑤を倒置疑問文に書き換えましょう。

❶ 君は中国語を話しますか？
  Tu parles chinois ?

❷ 彼らは大学生ですか？
  Ils sont étudiants ?

❸ アンヌは忙しいですか？
  Anne est occupée ?

> 忙しい
> **occupé**

❹ 彼には兄弟がいますか？
  Il a des frères et sœurs ?

❺ このスーツケースは高いですか？
  Cette valise coûte cher ?

> スーツケース
> **valise** f

答えと音声を確認しよう

+α 否定疑問文と Si

疑問文には、肯定のときは Oui、否定のときは Non で答えます。
否定疑問文に肯定で答えるときには Si を使います。

Claire n'a pas d'enfants ?（クレールは子供がいないのですか？）
クレール　ナ　パ　ダンファン

- **Si**, elle a un enfant.（いいえ、1人いますよ）
  シ　エラ　アン ナンファン

- Non, elle n'a pas d'enfants.（はい、いません）
  ノン　エル　ナ　パ　ダンファン

倒置疑問文の場合、「動詞-主語」を、ne と pas で挟みます。

N'aimez-vous **pas** le sport ?（スポーツお好きではないですか？）
ネ メ　　　ヴ　　パ　ル　スポール

Aimez-vous Brahms ?
『ブラームスはお好き』（フランソワーズ・サガン、1959年）

20世紀を代表する女流作家、サガンの小説の原題は倒置疑問文を使っていますね。

A

❶ Est-ce que tu parles chinois ?
エス ク テュ パルル シノワ

❷ Est-ce qu'ils sont étudiants ?
エス キル ソン エテュディアン

❸ Anne est-elle occupée ?
アンヌ エ テル オキュペ

❹ A-t-il des frères et sœurs ?
ア ティル デ フレール エ スール

❺ Cette valise coûte-t-elle cher ?
セットゥ ヴァリーズ クートゥ テル シェール

10 第二群規則動詞

夏休みはもうすぐ終わります。

Les vacances d'été finissent bientôt.
レ　　ヴァカンス　　デテ　　フィニス　　ビヤント

これだけ

ir型：
finir（終わる、終える）の直説法現在

	単数	複数
1人称	je fin**is** ジュ フィニ	nous fin**issons** ヌ フィニソン
2人称	tu fin**is** テュ フィニ	vous fin**issez** ヴ フィニセ
3人称	il fin**it** イル フィニ	ils fin**issent** イル フィニス

Q 単語をヒントに作文してみましょう。

❶ 夕食までに宿題を終わらせます。
　終える　宿題
　finir, devoirs m pl,
　夕食前に
　avant le dîner

＿＿＿＿＿＿＿＿＿＿＿＿＿＿＿

❷ 私たちは6時に仕事を終えます。
　終える　仕事　　　6時に
　finir, travail m **, à six heures**

＿＿＿＿＿＿＿＿＿＿＿＿＿＿＿

❸ 飲み物は赤ワインを選びます。
　選ぶ　　飲み物として
　choisir, comme boisson

＿＿＿＿＿＿＿＿＿＿＿＿＿＿＿

答えと音声を確認しよう

第二群規則動詞

もっと 1

-ir で終わる第二群規則動詞は、**複数人称で語幹が –ss– になります。**

choisir（選ぶ）

je	choisis	nous	choisissons
ジュ	ショワジ	ヌ	ショワジソン
tu	choisis	vous	choisissez
テュ	ショワジ	ヴ	ショワジセ
il	choisit	ils	choisissent
イル	ショワジ	イル	ショワジス

ほかに、réussir（成功する）、obéir（従う）など。

-ir で終わる不規則動詞

もっと 2

-ir でも、finir とは異なる活用をする動詞があります。なかでも、partir 型は重要な動詞グループです。不定法の後ろから 3 番目の子音が、複数人称で復活します。

partir（出発する）

je	pars	nous	partons
ジュ	パール	ヌ	パルトン
tu	pars	vous	partez
テュ	パール	ヴ	パルテ
il	part	ils	partent
イル	パール	イル	パルトゥ

ほかに、sortir（外に出る）、dormir（寝る）など。

A

❶ Je finis mes devoirs avant le dîner.
ジュ フィニ メ ドゥヴォワール アヴァン ル ディネ

❷ Nous finissons le travail à six heures.
ヌ フィニソン ル トラヴァイユ ア シズール

❸ Je choisis du vin rouge comme boisson.
ジュ ショワジ デュ ヴァン ルージュ コム ボワソン

まとめ

❶ 語尾の -ir が -is, -is, -it, -issons, -issez, -issent に変化する。

❷ 不規則な変化に注意。

finir

je finis	nous finissons
tu finis	vous finissez
il finit	ils finissent

partir

je pars	nous partons
tu pars	vous partez
il part	ils partent

Q ヒントの動詞を活用して文を完成させましょう。

❶ 明日は早くたつの？
　Tu (　　) tôt demain ?

出発する **partir**

❷ 彼はご両親の言うことを聞くね。
　Il (　) bien à ses parents.

従う **obéir**

❸ アンヌ・ソフィーはオムレツを上手に作る。
　Anne-Sophie (　) son omelette.

成功する **réussir**

❹ 私たちは1日8時間寝ています。
　Nous (　　) huit heures par jour.

寝る **dormir**

❺ 先生は教室から出ます。
　Notre professeur (　　) de la classe.

出る **sortir**

+α 第一群規則動詞と同じ活用をする -ir 動詞

-ir 型の動詞ですが、第一群と同じ活用をするものがあります。

ouvrir（開ける、開く）の直説法現在

j'ouvre ジューヴル	nous ouvrons ヌ　ズブロン
tu ouvres テュ ウーヴル	vous ouvrez ヴ　ズーヴレ
il ouvre イルーヴル	ils ouvrent イル ズーヴル

ほかに、offrir（贈る）、souffrir（苦しむ）など。

La banque ouvre à 9 heures.
ラ　バンク　　ウーヴル　ア　ヌヴール
（銀行は 9 時に開きます）

Partir avant le jour
『夜明け前の出発』（ジュリアン・グリーン、1963年）

米国人ながらフランス語で作品を発表し続けたグリーンの自伝的小説のタイトルには、partir が不定法で使われています。

A

❶ Tu pars tôt demain ?
テュ パール トー ドゥマン

❷ Il obéit bien à ses parents.
イル オベイ ビヤン ア セ パラン

❸ Anne-Sophie réussit son omelette.
アンヌソフィー レユシ ソノムレットゥ

❹ Nous dormons huit heures par jour.
ヌ ドルモン ユイ トゥール パール ジュール

❺ Notre professeur sort de la classe.
ノートル プロフェスール ソール ドゥ ラ クラス

まとめのドリル 2

1 CDをよく聞き、かっこ内に数字を入れましょう。

① Mon grand-père a (　　) ans.

② Il y a (　　) étudiants dans la salle.

③ Nous habitons au (　　), rue Saint-Jacques.

④ C'est (　　) euros.

2 質問に対する答えを完成しましょう。

① Est-ce que vous êtes français ? あなたはフランス人ですか？

　- Non, nous _____

② Tu as de l'argent ? お金持ってる？

　- Non, je _____

③ C'est une cigarette ? これはタバコですか？

　- Non, ce _____

④ N'avez-vous pas de parapluie ? 傘は持っていませんか？

　- Si, j'_____

3 動詞を適当な形に活用しましょう。

① Les enfants (　　) la porte. 　　　　　　　　　[**ouvrir**]
② Françoise (　　) un cadeau à son mari. 　　　[**offrir**]
③ Nous (　　) le travail à 6 heures. 　　　　　　　[**finir**]
④ Je (　　) demain. 　　　　　　　　　　　　　　[**ne pas partir**]

4 かっこ内に指示形容詞を正しい形にして入れましょう。

① Je n'aime pas (　　) chansons.
これらの歌は好きじゃありません。

② (　　) voiture est allemande.
この車をドイツ製です。

③ Elle sort avec (　　) homme.
彼女はあの男とデートです。

こたえ

1
① 72（私の祖父は72歳です）② 81（教室には学生が81人います）③ 95（サンジャック通りの95番に住んでいます）④ 78（78ユーロです）

2
① Non, nous ne sommes pas français. ② Non, je n'ai pas d'argent. ③ Non, ce n'est pas une cigarette. ④ Si, j'ai un parapluie.

3
① ouvrent（子どもたちは門を開ける）② offre（フランソワーズは夫にプレゼントをあげる）③ finissons（私たちは6時に仕事を終える）④ ne pars pas（私は明日出発しません）

4
① ces ② Cette ③ cet

コラム2

食事中は

　フランス人は、総じておしゃべりの人が多い気がします。特に会食中は様々な話題で会話に花が咲くようです。その一方で、「食べながら（口の中を一杯にして）しゃべってはいけない(Ne parle pas la bouche pleine.)」というエチケットもあって、子どもの時からよくしつけられています。

　フランス人の友人とテーブルをともにした時などによく観察すると、彼らがおしゃべりの合間に上手に食べ物を口に入れているのがわかります。一方、われわれ日本人はというと、食べてばかりいると無口だと思われてしまうし、慣れないフランス語の会話をがんばりすぎると、今度は食べるのが遅くて迷惑をかけてしまいます。

　また、食べながら話す時や笑う時に、日本人は口を手で隠すことがありますが、これはフランス人があまりしない仕草で、奇妙に見えるようです。肉などはなるべく小さく切って、少しずつ口に入れるといいです。

　これは日本でのことですが、フランス人数名と焼肉を食べに行く機会がありました。案の定、会話に夢中になった彼らは網の上で焦げていく肉などちっとも気にしない様子です。結局、私がすべての肉を焼く羽目になりました。

STEP 3

11 aller / venir

この夏、フランスに行きます。

Je vais en France cet été.
ジュ　ヴェ　アン　フランス　セッテテ

これだけ

aller（行く）の直説法現在

je vais ジュ ヴェ	nous allons ヌ　　ザロン
tu vas テュ ヴァ	vous allez ヴ　　ザレ
il va イル ヴァ	ils vont イル　ヴォン

Q 単語をヒントに作文してみましょう。

❶ 子どもたちは学校に行かない。

子どもたち　〜へ行く　学校
enfants, aller à, école f

❷ 週末に大阪に行きますか？

大阪へ　　　週末
à Osaka, ce week-end

❸ ジャン（Jean）は明日の夜パーティーに行きますか？

パーティーに　明日の夜
à la fête, demain soir

答えと音声を確認しよう

もっと1 aller à で「〜へ行く」を表す

aller（行く）は、-erで終わる唯一の不規則変化動詞です。リエゾン、アンシェヌマンに注意しましょう。

je ne	vais	pas	nous	n'allons	pas
ジュヌ	ヴェ	パ	ヌ	ナロン	パ
tu ne	vas	pas	vous	n'allez	pas
テュヌ	ヴァ	パ	ヴ	ナレ	パ
il ne	va	pas	ils	ne vont	pas
イルヌ	ヴァ	パ	イル	ヌ ヴォン	パ

もっと2 venir de で「〜出身」を表す

venir（来る）も-irですが、第二群規則動詞ではない重要な不規則動詞です。**語幹が3種類あるので要注意**です。

je viens	nous venons	
ジュ ヴィアン	ヌ ヴノン	
tu viens	vous venez	
テュ ヴィアン	ヴ ヴネ	
il vient	ils viennent	
イル ヴィアン	イル ヴィエンヌ	

ほかに、tenir（つかむ）、revenir（帰ってくる）、devenir（なる）など。

A

❶ Les enfants ne vont pas à l'école.
レ ザンファン ヌ ヴォン パ ア レコール

❷ Allez-vous à Osaka ce week-end ?
アレ ヴ ア オサカ ス ウィーケンド

❸ Jean va à la fête demain soir ?
ジャン ヴァ ア ラ フェトゥ ドゥマン ソワール

ま と め

❶ allerは、-erで終わる動詞の例外。
je **vais**, tu **vas**, il **va** ...

❷ venirの変化：je **viens**, tu **viens**, il **vient** ...

❸ それぞれ、3人称複数の活用に注意。
aller à (〜へ行く)　　ils **vont**
venir de (〜から来る)　ils **viennent**

Q ヒントの動詞を活用して文を完成させましょう。

❶ あの女の子はリヨン出身です。
　Cette jeune fille (　　　　) de Lyon.
　〜出身である **venir de**

❷ 我々は銀行へ行きません。
　Nous (　　　　) à la banque.
　行かない **ne pas aller**

❸ 子供はすぐ大人になります。
　Les petits (　　　　) vite adultes.
　〜になる **devenir**

❹ 私は赤ちゃんを腕に抱えています。
　Je (　　　　) un bébé dans mes bras.
　持つ **tenir**

❺ あなたは夜9時ごろ戻ります。
　Vous (　　　　) vers 9 heures du soir.
　戻る **revenir**

答えと音声を確認しよう

+α 「調子」も aller で表す

aller は、aller à で「〜へ行く」という移動を表すほかに、「元気ですか？」や「調子がいい（悪い）」と言うときにも使います。

Comment allez-vous ?（お元気ですか？）
コモン　　　タレ　ヴ

Mes affaires vont mal.（私の事業はうまくいっていません）
メ　　ザフェール　　ヴォン　マル

Ça va, ça vient
『サヴァ、サヴィアン』（ピエール・バルー、1970年）

『男と女』の音楽を担当した、日本に縁の深いミュージシャン。表題は初期の曲で、「それは行ったり来たり」ぐらいの意味です。

A

❶ Cette jeune fille vient de Lyon.
セットゥ ジュヌ フィユ ヴィアン ドゥ リヨン

❷ Nous n'allons pas à la banque.
ヌ ナロン パ ア ラ バンク

❸ Les petits deviennent vite adultes.
レ プティ ドゥヴィエンヌ ヴィトゥ アデュルトゥ

❹ Je tiens un bébé dans mes bras.
ジュ ティアン アン ベベ ダン メ ブラ

❺ Vous revenez vers 9 heures du soir.
ヴ ルヴネ ヴェール ヌヴール デュ ソワール

12 近接未来・近接過去

私は10分後に出発します。

Je vais partir dans 10 minutes.
ジュ　ヴェ　パルティール　ダン　ディ　ミニュトゥ

これだけ

aller ＋不定法　これから〜します。
アレ

venir de ＋不定法　〜したばかりです。
ヴニール　ドゥ

Q 単語をヒントに作文してみましょう。

❶ 私たちは郵便局に寄ります。

　寄る　郵便局に
　passer, au bureau de poste

❷ 彼は駅にガールフレンドを迎えに行きます。

　迎えに行く ガールフレンド 駅へ
　chercher, copine, à la gare

❸ 私はオリヴィエと昼ごはんを食べたところです。

　オリヴィエ　昼食をとる
　Olivier, déjeuner

答えと音声を確認しよう

近接未来

aller ＋不定法で近い未来、これからする予定のことを表します。

Cet été, vous allez voyager en Europe.
セッテテ　ヴ　ザレ　ヴォワイヤジェ　アヌロプ
（この夏、あなた方はヨーロッパ旅行をする予定ですね）

注意：「〜しに行く」の意味にもなりますので、文脈で判断します。

近接過去

venir de ＋不定法で、今したばかりのことを表現します。

Tu viens de finir tes devoirs.
テュ　ヴィアン　ドゥ　フィニール テ　ドゥヴォワール
（君は宿題を終えたばかりだ）

注意：venir ＋不定法は、「〜しに来る」を表します。

近接未来・近接過去

A

❶ Nous allons passer au bureau de poste.
ヌ ザロン パッセ オ ビュロー ドゥ ポストゥ

❷ Il va chercher sa copine à la gare.
イル ヴァ シェルシェ サ コピヌ ア ラ ガール

❸ Je viens de déjeuner avec Olivier.
ジュ ヴィアン ドゥ デジュネ アヴェク オリヴィエ

まとめ

近接未来（aller＋不定法）、近接過去（venir＋不定法）は、本動詞を活用しなくてすむので、初級会話では便利。

❶ aller ＋不定法　　これから〜します、〜しに行く

❷ venir de ＋不定法　〜したばかりです

❸ venir ＋不定法　　〜しに来る

Q　近接未来・近接過去に書きかえましょう。

❶ 僕は20歳だ。[近接未来]
　J'ai 20 ans.
　→

❷ 我々は色を1つ選ぶ。[近接未来]
　Nous choisissons une couleur.
　→

色
couleur f

❸ アレックスはスペインから戻ってくる。[近接過去]
　Alex revient d'Espagne.
　→

スペイン
Espagne f

❹ 飛行機はパリに向けて出発する。[近接過去]
　L'avion part pour Paris.
　→

飛行機
avion f

答えと音声を確認しよう

+α 定冠詞の縮約

最も使われる前置詞 de, à の後に定冠詞 le, les が来ると、以下のように形を変えます。la, l' のときは変化しません。

de + le → **du**　　de + les → **des**　（de la, de l' は無変化）

à + le → **au**　　à + les → **aux**　（à la, à l' は無変化）

Voici la chambre des（＝ de + les）enfants.
ヴォワシ ラ シャンブル　　デ　　　　　　　　　ザンファン
（ここが子供たちの部屋です）

Nous allons au（＝ à + le）cinéma.
ヌ　ザロン　オ　　　　　　　　　　　シネマ
（私たちは映画に行きます）

Le Diable au corps, Le Bal du comte d'Orgel

『肉体の悪魔』『ドルジェル伯の舞踏会』（レイモン・ラディゲ、1921、1922 年）

夭折の天才、ラディゲの遺した 2 編の小説のタイトルには、定冠詞の縮約が使われています。

近接未来・近接過去

A

❶ Je vais avoir 20 ans.
ジュ ヴェ アヴォワール ヴァンタン

❷ Nous allons choisir une couleur.
ヌ ザロン ショワジール ユヌ クルール

❸ Alex vient de revenir d'Espagne.
アレックス ヴィアン ドゥ ルヴニール デスパーニュ

❹ L'avion vient de partir pour Paris.
ラヴィオン ヴィアン ドゥ パルティール プール パリ

13 faire / prendre

今日の午後、僕たちはサッカーをします。

Nous faisons du football cet après-midi.
ヌ　　フゾン　　デュ　フットボール　　セッタプレミディ

これだけ

faire（する、つくる）の直説法現在

	単数	複数
1人称	je fais（ジュ フェ）	nous **faisons**（ヌ フゾン）
2人称	tu fais（テュ フェ）	vous faites（ヴ フェットゥ）
3人称	il fait（イル フェ）	ils font（イル フォン）

Q 単語をヒントに作文してみましょう。

❶ あなたたちは大騒ぎですね。

　大騒ぎする　faire beaucoup de bruit

❷ わたしは買い物をしません。

　買い物をする　faire les courses

❸ 2たす2は4です。

　〜になる　faire

答えと音声を確認しよう

もっと1　faire（する、つくる）の用法

最も使用頻度の高い不規則動詞の1つです。
nousの活用faisonsは、「フェゾン」ではなく、例外で「フゾン」と読みます。

Ça fait 20 euros, Madame.（奥様、20ユーロになります）
サ　フェ　ヴァントゥロ　　　マダム

スポーツは部分冠詞、家事は定冠詞を伴います。

Vous faites **de la** natation ?（水泳なさるのですか？）
ヴ　フェトゥ　ドゥ ラ　ナタシオン

Elle ne fait pas **la** cuisine.（彼女は料理をしません）
エル　ヌ　フェ　パ　ラ　キュイジーヌ

もっと2　prendre（とる）の直説法現在

英語のtakeに相当する重要不規則動詞です。

je prends ジュ　プラン	nous prenons ヌ　プルノン
tu prends テュ　プラン	vous prenez ヴ　プルネ
il prend イル　プラン	ils prennent イル　プレンヌ

Marcel prend le bus pour aller à la fac.
マルセル　プラン　ル ビュス プール アレ　ア ラ ファク
（マルセルは大学までバスに乗ります）

ほかに、comprendre（理解する）、apprendre（習う）など。

A

❶ Vous faites beaucoup de bruit.
ヴ フェトゥ ボクー ドゥ ブリュイ

❷ Je ne fais pas les courses.
ジュ ヌ フェ パ レ クルス

❸ Deux et deux font quatre.
ドゥ エ ドゥ フォン カトル

まとめ

faire

je fais	nous faisons
tu fais	vous faites
il fait	ils font

prendre

je prends	nous prenons
tu prends	vous prenez
il prend	ils prennent

❶ スポーツはfaire＋部分冠詞、家事はfaire＋定冠詞で表す。

❷ prendre型：comprendre（理解する）、apprendre（習う）など。

Q ヒントの動詞を活用して文を完成させましょう。

❶ ミッシェルはスポーツをしません。
　Michelle (　　　　) de sport.

しない
ne pas faire

❷ この仕事は多くの時間がかかります。
　Ce travail (　　　　) beaucoup de temps.

かかる
prendre

❸ 中学で英語を習います。
　Nous (　　　　) l'anglais au collège.

習う
apprendre

❹ パーティー用にケーキを作るのですね？
　Vous (　　　　) un gâteau pour la fête ?

作る
faire

答えと音声を確認しよう

+α attendre（待つ）の直説法現在

j' attends ジャ タン	nous attendons ヌ　　ザタンドン
tu attends テュ アタン	vous attendez ヴ　　ザタンデ
il attend イラ タン	ils attendent イル ザタンドゥ

ほかに、entendre（聞こえる）、descendre（降りる）など。
prendre 型と区別しましょう。

Nous attendons le train sur le quai.
ヌ　　ザタンドン　　ル トラン　シュール ル ケ

（私たちはホームで列車を待ちます）

J'entends plus la guitare
『ギターはもう聞こえない』（フィリップ・ガレル、1991年）

フランスのシネアスト、ガレルの佳作です。ne ～ plus は「もはや～ない」の意味で、ここでは ne が省かれています。

A

❶ Michelle ne fait pas de sport.
ミシェル ヌ フェ パ ドゥ スポール

❷ Ce travail prend beaucoup de temps.
ス トラヴァイユ プラン ボクー ドゥ タン

❸ Nous apprenons l'anglais au collège.
ヌ ザプルノン ラングレ オ コレージュ

❹ Vous faites un gâteau pour la fête ?
ヴ フェットゥ アン ガトー プール ラ フェットゥ

14 形容詞の位置、女性形

それは小さい伝統的な家です。
C'est une petite maison traditionnelle.
セ テュヌ プティトゥ メゾン トラディシオネル

これだけ

①形容詞は原則名詞の後に置く。

冠詞＋名詞＋形容詞　　une jupe verte（緑のスカート）
　　　　　　　　　　　　ユヌ　ジュップ　ヴェルトゥ

②音節が短い形容詞には、名詞の前に置かれるものもある。

冠詞＋**形容詞**＋名詞　　un bon‿élève（よい生徒）
　　　　　　　　　　　　アン　ボネレーヴ

ほかに、grand（大きい）、petit（小さい）、nouveau（新しい）、jeune（若い）、vieux（古い、年とった）、beau（美しい）、joli（かわいい）など。

Q 単語をヒントに作文してみましょう。

❶ フランス料理が好きです。
　料理　　フランスの
　cuisine, français

❷ 彼は青い大きな車を持っている。
　大きい　車　　青い
　grand, voiture, bleu

❸ あの人は知的な若い女性です。
　若い　知的な
　jeune, intelligent

答えと音声を確認しよう

もっと1 形容詞の女性形

原則

男性形＋e　　petit → petite（小さい）
　　　　　　　プティ　プティトゥ

語形変化のバリエーション

① -e → **-e型（同型）**　　jeune → jeune（若い）
　　　　　　　　　　　　　ジュヌ　　ジュヌ

② -er → **-ère型**　　léger → légère（軽い）
　　　　　　　　　　　レジェ　　レジェール

③ -et → **-ète型**　　secret → secrète（秘密の）
　　　　　　　　　　　スクレ　　スクレトゥ

④ -f → **-ve型**　　actif → active（活発な）
　　　　　　　　　　アクティフ　アクティヴ

⑤ -eux → **-euse型**　　heureux → heureuse（幸福な）
　　　　　　　　　　　　ウルー　　　ウルーズ

⑥ 子音を重ねるもの（-el → –elle/-en → –enne）

　-el → –elle　　naturel → naturelle（自然の）
　　　　　　　　ナチュレル　ナチュレル

もっと2 不規則な形容詞の女性形

long → **longue**（長い）、sec → **sèche**（乾いた）
ロン　　ロング　　　　　　　セック　セッシュ

doux → **douce**（甘い）　など
ドゥ　　ドゥース

A

❶ J'aime la cuisine française.
　ジェム ラ キュイジーヌ フランセーズ

❷ Il a une grande voiture bleue.
　イラ ユヌ グランド ヴォワチュール ブル

❸ C'est une jeune femme intelligente.
　セ テュヌ ジュヌ ファム アンテリジャントゥ

まとめ

❶ フランス語の形容詞は原則名詞の後に。

❷ 音節が短い形容詞には、名詞の前に置かれるものも。

❸ 女性形は、男性形＋ e が基本。

❹ 語末が変化するもの、子音を重ねるものに注意。
　　un bon‿acteur italien （イタリアの名優）
　　une bonne‿actrice italienne （イタリアの名女優）

Q 形容詞を正しい形にして、正しい位置に入れましょう。

❶ まじめな女子大生
　　une étudiante
　　　　　まじめな
　　　　　sérieux

❷ 低いテーブル
　　une table
　　　　　低い
　　　　　bas(se)

❸ アメリカの優良雑誌
　　une revue
　　　　　よい　アメリカの
　　　　　bon, américain

❹ かわいくて清潔なアパート
　　un appartement
　　　　　かわいい　清潔な
　　　　　joli,　propre

❺ 若くて才能ある女性音楽家
　　une musicienne
　　　　　若い　　才能ある
　　　　　jeune, talentueux

答えと音声を確認しよう

+α 名詞の女性形

基本的に形容詞の女性形の作り方に準じます。

étudiant（学生）→ étudiante
エテュディアン　　　　エテュディアントゥ

pâtissier（菓子職人）→ pâtissière
パティシエ　　　　　　パティシエール

musicien（音楽家）→ musicienne
ミュジシアン　　　　　ミュジシエンヌ

次の変化には注意しましょう。

chanteur（歌手）→ chanteuse、acteur（俳優）→ actrice
シャントゥール　　　シャントゥーズ　　アクトゥール　　　アクトリス

女性形のない職業もあります。

médecin（医者）、écrivain（作家）、ingénieur（エンジニア）など。

La vie est un long fleuve tranquille

『人生は長く静かな河』（エチエンヌ・シャティリエ、1988年）

名優ブノワ・マジメルの子役デビュー作。男性名詞 fleuve を形容詞 long と tranquille が前後から修飾しています。

A

❶ une étudiante sérieuse
ユ ネテュディアントゥ セリウーズ

❷ une table basse
ユヌ ターブル バス

❸ une bonne revue américaine
ユヌ ボンヌ ルヴュ アメリケンヌ

❹ un joli appartement propre
アン ジョリ アパルトマン プロプル

❺ une jeune musicienne talentueuse
ユヌ ジュンヌ ミュジシエンヌ タランチューズ

形容詞の位置、女性形

15 形容詞の男性単数第二形・複数形

美しい木が１本庭にあります。

Il y a un bel arbre dans le jardin.
イ リ ヤ アン　　ベラルブル　　　　ダン　ル　ジャルダン

これだけ

	男性単数	男性第二形	女性単数	男性複数	女性複数
きれいな	beau ボー	bel ベル	belle ベル	beaux ボー	belles ベル
新しい	nouveau ヌーヴォー	nouvel ヌーヴェル	nouvelle ヌーヴェル	nouveaux ヌーヴォー	nouvelles ヌーヴェル
古い	vieux ヴュー	vieil ヴィエイユ	vieille ヴィエイユ	vieux ヴュー	vieilles ヴィエイユ

↑
＊母音または無音のhで始まる男性単数名詞の前

Q 単語をヒントに作文してみましょう。

❶ 彼の新しいアパートは新築ではない。
　アパート　　　　　新品の
　appartement, neuf

❷ 老人が１人公園を歩いています。
　老人　　　　　歩く
　vieil homme, marcher

❸ 私はこれらの美しい本を買いに行きます。
　買いに行く
　aller acheter

答えと音声を確認しよう

男性単数第二形

beau, nouveau, vieuxの3つは、母音もしくは無音のhで始まる男性単数名詞の前で、bel, nouvel, vieilという形になります。

un bel exemple（美しい例）
アン ベレグザンプル

また、女性形は男性第二形から作ります。
une belle église（美しい教会）
ユヌ ベレグリーズ

形容詞の複数形

原則は、「単数形＋s」です。grand → grands
グラン　　　グラン

ただし、-s、-xで終わる単語は変化しません。

gros → gros（太い）　　doux → doux（甘い）
グロ　　グロ　　　　　　　ドゥ　　ドゥ

次の場合は、語末が-auxになります。

・-eau → -eaux　　nouveau → nouveaux（新しい）
　　　　　　　　　　ヌーヴォー　　ヌーヴォー

・-al → -aux　　général → généraux（一般的な）
　　　　　　　　ジェネラル　　ジェネロー

不定冠詞複数のdesは、複数形容詞の前ではde (d')になります。
de vieux vêtements（古着）
ドゥ ヴュー ヴェトマン

A

① Son nouvel appartement n'est pas neuf.
ソン ヌーヴェラパルトマン ネ パ ヌフ

② Un vieil homme marche dans le parc.
アン ヴィエイヨム マルシュ ダン ル パルク

③ Je vais acheter ces beaux livres.
ジュ ヴェ アシュテ セ ボー リーヴル

まとめ

	男性単数	男性第二形	女性単数	男性複数	女性複数
きれいな	beau	**bel**	bel**le**	beau**x**	bel**les**
新しい	nouveau	**nouvel**	nouvel**le**	nouveau**x**	nouvel**les**
古い	vieux	**vieil**	vieil**le**	vieu**x**	vieil**les**

❶ 複数形は単数形＋s。

❷ -s, -x で終わる単語は変化しない。

Q 複数にしましょう。

❶ une histoire intéressante（面白い話）

話
histoire f

❷ un vieil ordinateur（古いコンピューター）

❸ une belle avenue（美しい大通り）

大通り
avenue f

❹ ton nouveau vélo（君の新しい自転車）

自転車
vélo m

答えと音声を確認しよう

+α 名詞の複数形

基本的に形容詞の複数形の変化に準じます。

単数形＋s　　une main → des main**s**（手）
デ　マン

・eux, aux, oux になるもの

-eu, -au, -eau → ＋-x　un cheveu → des cheveu**x**（髪の毛）
デ　シュヴー

-al → -aux　un animal → des anim**aux**（動物）
デ　ザニモー

-ou → ＋-x　un bijou → des bijou**x**（宝石）
デ　ビジュー

-s, -x, -z で終わる語は単複同形です。un bras → des bras（腕）
デ　ブラ

・特殊なもの

un œil → des yeux（目）　　un travail → des travaux（工事）
アヌイユ　デ　ジュー　　　　アン トラヴァイユ　デ　トラヴォー

Bel-Ami
『ベラミ』（ギィ・ドゥ・モーパッサン、1885 年）

美貌の青年が、容姿を武器に女たちを踏み台にして成り上がっていく物語。直訳は『美しい男友達』。bel は beau の男性単数第二形です。

A

❶ des histoires intéressantes
デ ジストワール アンテレサントゥ

❷ de vieux ordinateurs
ドゥ ヴュー ゾルディナトゥール

❸ de belles avenues
ドゥ ベル ザヴェニュー

❹ tes nouveaux vélos
テ ヌーヴォー ヴェロ

まとめのドリル 3

1 下線部を必要に応じて縮約しましょう。

① Je vais à les Champs-Elysées. （　　）
② La capitale de les Etats-Unis, c'est Washington. （　　）
③ Je prends un gâteau à le chocolat. （　　）
④ Elle vient de le lycée. （　　）
⑤ Le garçon ne va pas à l'école. （　　）

2 動詞を適当な形に活用しましょう。

① Les voyageurs (　　　　) du train.　　[**descendre**]
② Ils (　　　　) bien le français.　　[**comprendre**]
③ Vous (　　　　) de bruit ?　　[**ne pas entendre**]
④ Tu (　　　　) le ménage.　　[**faire**]

3 女性形にしましょう。

① un chanteur coréen　　→ une
② un musicien célèbre　　→ une
③ un lycéen sérieux　　→ une

4 複数形にしましょう。

① un problème social → des
② un bel arbre → de
③ une femme heureuse → des

こたえ

1
① aux（私はシャンゼリゼ大通りに行きます） ② des（アメリカ合衆国の首都はワシントンです） ③ au（私はチョコレートケーキをいただきます） ④ du（彼女はリセから来る） ⑤ -（その少年は学校に行かない）

2
① descendent（乗客たちが列車を降りる） ② comprennent（彼らはフランス語をよく理解する） ③ n'entendez pas（音が聞こえませんか？） ④ fais（君は家事をする）

3
① une chanteuse coréenne（韓国の歌手） ② une musicienne célèbre（有名なミュージシャン） ③ une lycéenne sérieuse（真面目な高校生）

4
① des problèmes sociaux（社会問題） ② de beaux arbres（美しい木） ③ des femmes heureuses（幸福な女性）

ところ変われば

コラム3

　フランス語は、本国だけでなく世界中で話されています。隣国のベルギーやスイス、カナダのケベック州、アフリカ旧植民地のアルジェリア、モロッコ、セネガルなど50カ国以上で話されています。もちろん、場所によって言葉は多少違ってきます。皆さんを悩ませる70〜100の複雑な数え方はベルギーやスイスでは単純化されます。70は septante、80は octante、90は nonante です。スイス出身のゴダール監督の名作『勝手にしやがれ』では主人公が電話番号を言う際にこの数え方を使っています。

　また、ケベック州は周囲を英語圏に囲まれているためか、フランス語を英語の侵略から徹底的に保護しようとしてします。week-end は fin de semaine、hotdog は chien chaud と言うそうです。

　一方、海外領土を含むフランス国内では、フランス語以外の言葉が70以上も話されています。そのほとんどが「地域言語」と呼ばれているもので、ブルターニュ語やアルザス語などがあります。近年は、これらの言語を保護する政策がとられ、小学校などで学習するようになりました。

STEP 4

16 疑問代名詞

これは何ですか？

Qu'est-ce que c'est ?
ケ　ス　ク　セ

これだけ

誰が	Qui Qui est-ce qui キ　エ　ス　キ	誰を	Qui ＋ 倒置疑問文 Qui est-ce que キ　エ　ス　ク 主語＋動詞＋qui
何が	Qu'est-ce qui ケ　　　ス　キ	何を	Que＋ 倒置疑問文 Qu'est-ce que ケ　　　ス　ク 主語＋動詞＋quoi 　　　　　　コワ

Q 単語をヒントに作文してみましょう。

❶ 誰が僕たちと一緒に来るの？

来る　　僕たちと
venir, avec nous

❷ 誰を探しているの？

探す
chercher

❸ 彼はこれから何を食べますか？

食べる
aller manger

答えと音声を確認しよう

もっと1 「誰が」「何が」をたずねる

「誰が」をたずねるときは **Qui** もしくは **Qui est-ce qui**、「何が」をたずねるときは **Qu'est-ce qui** を使います。

「どなたがコーヒーを飲みますか？」
Qui prend du café ?
キ　プラン　デュ　カフェ

Qui est-ce qui prend du café ?
キ　エ　ス　キ　プラン　デュ　カフェ

もっと2 「誰を」「何を」をたずねる

「**誰を**待っているの？」
Qui attends-tu ?
キ　アタン　テュ

Qui est-ce que tu attends ?
キ　エ　ス　ク　テュ　アタン

Tu attends **qui** ?
テュ　アタン　キ

「お仕事は**何を**していますか？」
Que faites-vous dans la vie ?
ク　フェットゥ　ヴ　ダン　ラ　ヴィ

Qu'est-ce que vous faites dans la vie ?
ケ　ス　ク　ヴ　フェットゥ　ダン　ラ　ヴィ

Vous faites **quoi** dans la vie ?
ヴ　フェットゥ　コワ　ダン　ラ　ヴィ

A

❶ Qui vient avec nous ?
キ　ヴィアン　アヴェク　ヌ

❷ Qui est-ce que tu cherches ?
キ　エ　ス　ク　テュ　シェルシュ

❸ Que va-t-il manger ?
ク　ヴァ　ティル　マンジェ

まとめ

	主語	直接目的語、属詞
誰	Qui Qui est-ce qui	Qui+倒置疑問文 Qui est-ce que 主語＋動詞＋qui
何	Qu'est-ce qui	Que+倒置疑問文 Qu'est-ce que 主語＋動詞＋**quoi**

あれは誰ですか？　**Qui** est-ce ?／ C'est **qui** ?

これは何ですか？　**Qu'est-ce que** c'est ?／ C'est **quoi** ?

Q 日本語文を参考に文を完成させましょう。

① 彼女は何を買いますか？
（　　　　　　） achète-t-elle ?

② 何がうまくいきませんか？
（　　　　　　） ne va pas ?

うまくいく
aller

③ 誰を呼んでいるの？
（　　　　　　） tu appelles ?

呼ぶ
appeler

④ これは何ですか？
（　　　　　　） c'est ?

⑤ あなたは何を食べますか？
（　　　　　　） vous mangez ?

答えと音声を確認しよう

+α 前置詞＋疑問代名詞

前置詞を伴う動詞の場合は、前置詞＋qui（人）、quoi（物）の形をとります。

誰に道を聞くの？
À qui demandes-tu le chemin ?
ア キ ドゥマンドゥ テュ ル シュマン
（＜demander à「〜にたずねる」）

あの女性たちは**何**の話をしているの？
De quoi ces femmes parlent-elles ?
ドゥ コワ セ ファム パルル テル
（＜parler de「〜の話をする」）

Qu'est-ce que la littérature ?
『文学とは何か』（ジャン・ポール・サルトル、1947年）

サルトルはこの論文で、文学者の政治参加（アンガジュマン）を提唱しました。Qu'est-ce que c'estのc'estが省略されていますね。

A

❶ Qu'achète-t-elle ?
カシェットゥ テル

❷ Qu'est-ce qui ne va pas ?
ケ ス キ ヌ ヴァ パ

❸ Qui est-ce que tu appelles ?
キ エス ク テュ アペル

❹ Qu'est-ce que c'est ?
ケ ス ク セ

❺ Qu'est-ce que vous mangez ?
ケ ス ク ヴ マンジェ

17 疑問形容詞　quel

何歳ですか？

Quel âge avez-vous ?
ケラージュ　　アヴェ　　ヴ

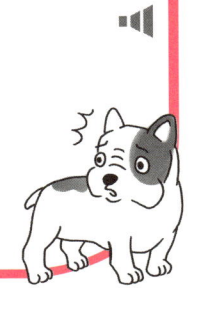

これだけ

	単数	複数
男性	quel (ケル)	quels (ケル)
女性	quelle (ケル)	quelles (ケル)

★発音はすべて「ケル」

①疑問形容詞＋名詞＋疑問文？「どんな〜ですか？」
②疑問形容詞＋être＋主語？「〜は何ですか？」

Q 単語をヒントに作文してみましょう。

❶ これらの花は何ですか？

これらの花
ces fleurs f pl

❷ どのドレスを着るの？

ドレス　　着る
robe f , porter

❸ ぼくたちはどの本を選ぼうか？

選ぶ　　本
choisir, livres m pl

答えと音声を確認しよう

疑問形容詞 quel

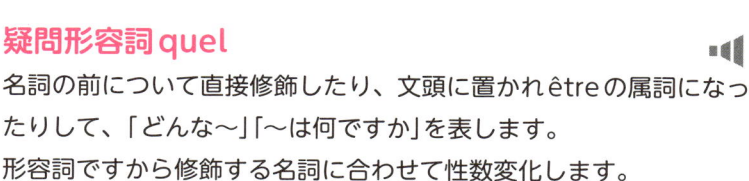

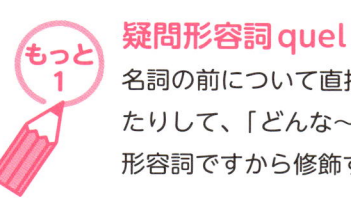

名詞の前について直接修飾したり、文頭に置かれêtreの属詞になったりして、「どんな〜」「〜は何ですか」を表します。
形容詞ですから修飾する名詞に合わせて性数変化します。

Quel jour sommes-nous aujourd'hui ?
ケル　ジュール　ソム　ヌ　オージュルデュイ
（今日は何曜日ですか？）
-Nous sommes lundi.
ヌ　ソム　ランディ
（今日は月曜日です）
Quel est ton film favori ?
ケレ　トン　フィルム　ファヴォリ
（君の好きな映画は何ですか？）

感嘆文

「Quel＋名詞！」で感嘆文を作ることができます。

Quel temps !
ケル　タン
（何という［よい・悪い］天気だ！）

Quelles belles fleurs !
ケル　ベル　フルール
（何と美しい花だ！）

A

❶ Quelles sont ces fleurs ?
ケル ソン セ フルール

❷ Quelle robe est-ce que tu portes ?
ケル ローブ エス ク テュ ポルトゥ

❸ Nous choisissons quels livres ?
ヌ ショワジソン ケル リーヴル

まとめ

quelは定型の疑問文を形成することが多い。

❶ Quel＋名詞＋疑問文？で、「どんな〜ですか？」

❷ Quel＋être＋主語？で、「〜は何ですか？」

❸ quel, quels, quelle, quellesの発音は「ケル」。

❹ Quel＋名詞！で、「なんて〜なんだ！」

Q quelを正しい形にして文を完成させましょう。

❶ 東京スカイツリーの高さはどのくらいですか？
　　（　　）est la hauteur de la tour Tokyo Sky Tree ?

❷ 何時に列車は着きますか？
　　À （　　）heure arrive le train ?

❸ 君の電話番号は何番ですか？
　　（　　）est ton numéro de téléphone ?

> 番号
> **numéro** m

❹ どんな洋服をあなたは買いに行きますか？
　　（　　）vêtements allez-vous acheter ?

> 洋服
> **vêtement** m

❺ 彼の車は何色？
　　De （　　）couleur est sa voiture ?

答えと音声を確認しよう

+α 人称代名詞強勢形

主語	je	tu	il	elle	nous	vous	ils	elles
強勢形	**moi**	**toi**	**lui**	elle	nous	vous	**eux**	elles
	モワ	トワ	リュイ	エル	ヌ	ヴ	ウ	エル

Moi, je prends un demi et **toi**, tu prends un café.
モワ ジュ プラン アン ドゥミ エ トワ テュ プラン アン カフェ
(僕、僕はビールにする。君、君はコーヒーだね)＝主語の強調

Ce soir, elle va danser avec **eux**. ＝前置詞の後
ス ソワール エル ヴァ ダンセ アヴェク ウ
(今晩彼女は彼らと踊りに行きます)

C'est Thierry ? - Oui, c'est **lui**. ＝C'estの後
セ ティエリー ウイ セ リュイ
(あれはティエリーかな―うん、彼だよ)

Médecin malgré lui
『いやいやながら医者にされ』(モリエール、1666年)

喜劇作家モリエールの代表作。malgréは「～にもかかわらず、～の意に反して」という意味の前置詞です。その後ですから人称代名詞は強勢形ですね。

A

❶ Quelle est la hauteur de la tour Tokyo Sky Tree ?
ケ ラ オトゥール ドゥ ラ トゥール トーキョースカイツリー

❷ A quelle heure arrive le train ?
ア ケルール アリーヴ ル トラン

❸ Quel est ton numéro de téléphone ?
ケ トン ニュメロ ドゥ テレフォヌ

❹ Quels vêtements allez-vous acheter ?
ケル ヴェトマン アレ ヴ アシュテ

❺ De quelle couleur est sa voiture ?
ドゥ ケル クルール エ サ ヴォワチュール

18 非人称構文

しっかり勉強しなくてはいけない。

Il faut bien travailler.
イル　フォ　ビヤン　トラヴァイエ

これだけ

天候	Il fait＋形容詞．(天気が〜だ) イル フェ
時刻	Il est 〜 heures．(今〜時です) イ レ　　　ウール
義務	Il faut＋不定法．(〜しなければならない) イル フォ

Q 単語をヒントに作文してみましょう。

❶ 日本は夏、暑くて湿気があります。
　　暑い　蒸す　夏に
　　chaud, humide, en été

❷ 今9時45分です。
　　9時45分
　　dix heures moins le quart

❸ 時間通りに着かねばならない。
　　時間通りに
　　à l'heure

答えと音声を確認しよう

もっと1 Il fait, Il faut

- Il fait ... 「天気が〜だ」を表します。形容詞は男性単数形です。

Il fait beau [mauvais]. (いい[悪い]天気です)
イル フェ ボー モヴェー

chaud (暑い)、froid (寒い)、humide (湿気がある)も同じように使います。

Il pleut [neige]. (雨[雪]が降っています)
イル プル ネージュ

- Il faut ＋ 不定法 「〜しなければならない」

もっと2 Il est ...

- **時刻表現**

Il est une heure. (1時です)
イ レ ユ ヌール

Il est quatre heures dix. (4時10分です)
イ レ カトルール ディス

Il est midi [minuit]. (正午[午前0時]です)
イ レ ミディ ミニュイ

- **il est ＋ 形容詞 ＋ de 不定詞**

Il n'est pas difficile d'apprendre une langue.
イル ネ パ ディフィシル ダプランドル ユヌ ラング
(言葉を学ぶのは難しくない)　＊会話ではC'est …も可。

非人称構文

A

❶ Au Japon, il fait chaud et humide en été.
オ ジャポン イル フェ ショー エ ユミードゥ アネテ

❷ Il est dix heures moins le quart maintenant.
イ レ ディズール モワン ル カール マントゥナン

❸ Il faut arriver à l'heure.
イル フォ アリヴェ ア ルール

まとめ

❶ 天候・時などを表す非人称構文
Il fait ～. (天気が～だ)
Il est ～ heures. (今～時だ)
Il faut ～. (～しなければならない)

❷ pleuvoir, neiger の人称変化は3人称単数のみ。
Il pleut [neige]. (雨[雪]が降っています)

❸ Il est ＋形容詞＋de＋不定法は、会話ではC'estも可。

Q かっこ内に適当な動詞を入れて文を完成させましょう。

❶ 5時15分です。
  Il (　　) cinq heures et quart.

❷ バゲットを1本買わなくちゃ。
  Il (　　) acheter une baguette.

❸ 6月は雨がたくさん降ります。
  Il (　　) beaucoup en juin.

❹ 沖縄は冬、寒くありません。
  Il ne (　　) pas froid en hiver à Okinawa.

❺ この薬を飲むのは大事です。
  Il (　　) important de prendre ce médicament.

答えと音声を確認しよう

+α 不定代名詞 on

「私たち」「人一般」「誰か」などを表します。主語で使われ、活用は常に3人称単数です。

Bonsoir, **on** est quatre.
ボンソワール　オン ネ　　カトル
((レストランなどで) こんばんは、4人ですが)

Au Canada, **on** parle anglais et français.
オ　カナダ　　　　オン パルル　　アングレ　　エ　フランセ
(カナダでは英語とフランス語を話します)

非人称構文

On ne badine pas avec l'amour
『戯れに恋はすまじ』(アルフレッド・ド・ミュッセ、1834年)

ロマン主義の詩人・ミュッセの戯曲です。「(人は)恋愛でふざけるものではない」ぐらいの意味でしょう。

A

① Il est cinq heures et quart.
　イ レ サンクール エ カール

② Il faut acheter une baguette.
　イル フォ アシュテ ユヌ バゲットゥ

③ Il pleut beaucoup en juin.
　イル プル ボクー アン ジュアン

④ Il ne fait pas froid en hiver à Okinawa.
　イル ヌ フェ パ フロワ アニヴェール ア オキナワ

⑤ Il est important de prendre ce médicament.
　イ レ アンポルタン ドゥ プランドル ス メディカマン

19 比較級、最上級

パリの物価は東京並みに高い。

A Paris, la vie est aussi chère qu'à Tokyo.
ア パリ ラ ヴィ エ オシ シェール カ トキョ

これだけ

比較級 **plus**(aussi, moins) ＋形容詞／副詞＋ que 〜
　　　　〜より…

最上級 le(la, les) ＋ **plus**(moins) ＋形容詞／副詞＋ de 〜
　　　　〜の中でもっとも…

Q 単語をヒントに作文してみましょう。

❶ サンドリンヌ（Sandrine）は リュカ(Lucas)より頭がいい。
　頭がいい
　intelligent

❷ エッフェル塔は東京タワーより高くない。
　エッフェル塔　　　高い
　la Tour Eiffel , haut

❸ あなたは彼女と同じくらい頻繁に映画館に行きますね。
　映画館に　　　しばしば
　au cinéma, souvent

❹ ロシアは世界で1番大きい国です。
　ロシア 大きい 国　世界で
　Russie, grand, pays, du monde

答えと音声を確認しよう

「〜より…」比較級

もっと1

plus ＋形容詞・副詞＋ que 〜　〜より…
プリュス　　　　　　　　　　　　ク

aussi ＋形容詞・副詞＋ que 〜　〜と同じくらい…
オシ　　　　　　　　　　　　　　ク

moins ＋形容詞・副詞＋ que 〜　〜より…でない
モワン　　　　　　　　　　　　　ク

比較する対象は que 以下で表します。

Il parle français plus couramment qu'anglais.
イル パルル　フランセ　　　プリュ　クラマン　　　　　　カングレ

（彼は英語よりフランス語を流暢に話します）

「〜の中でもっとも…」最上級

もっと2

le(la, les) ＋ plus ＋形容詞/副詞 … de 〜
ル　　　　　　　プリュス　　　　　　　　　ドゥ
　〜の中でもっとも…

le(la, les) ＋ moins ＋形容詞/副詞 … de 〜
ル　　　　　　　モワン　　　　　　　　　　ドゥ
　〜の中でもっとも…でない

範囲を導く前置詞は de です。

C'est la plus belle cathédrale du monde.
セ　　ラ プリュ ベル　　カテドラル　　デュ モンド

（これは世界で1番美しい大聖堂です）

副詞の定冠詞は常に le です。

A

❶ Sandrine est plus intelligente que Lucas.
サンドリーヌ エ プリュ ザンテリジャントゥ ク リュカ

❷ La Tour Eiffel est moins haute que la Tour de Tokyo.
ラ トゥール エフェル エ モワン オートゥ ク ラ トゥール ドゥ トキョ

❸ Vous allez au cinéma aussi souvent qu'elle.
ヴ ザレ オ シネマ アオシ スヴァン ケル

❹ La Russie est le plus grand pays du monde.
ラ リュシー エル プリュ グラン ペイ デュ モンドゥ

ま と め

❶ 比較級
   plus ＋形容詞・副詞＋ que 〜　〜より…
   aussi ＋形容詞・副詞＋ que 〜　〜と同じくらい…
   moins ＋形容詞・副詞＋ que 〜　〜より…でない

❷ 最上級
   le(la, les) ＋ plus ＋形容詞/副詞＋ de 〜
   　〜の中でもっとも…
   le(la, les) ＋ moins ＋形容詞/副詞＋ de 〜
   　〜の中でもっとも…でない

Q 単語をヒントに比較級・最上級の文に書き換えましょう。 CD 42

❶ セーヌ川はロワール川より長くない。
　La Seine est longue.
　　　ロワール川　**la Loire**

❷ オレンジはバナナと同じくらい高い。
　Les oranges sont chères.
　　　バナナ　**les bananes**

❸ あなたは奥さんよりゆっくり食べる。
　Vous mangez lentement.
　　　あなたの奥さん　**votre femme**

❹ あの車はチームで1番速く走る。
　Cette voiture roule vite.
　　　チーム　**l'équipe**

❺ これは町で1番広い公園です。
　C'est un parc vaste.
　　　町　**la ville**

答えと音声を確認しよう

+α　meilleur と mieux

meilleur(e)(s)は、形容詞bonの優等比較級「よりよい、よりおいしい」です。

定冠詞(le, la, les)をつければ「もっともよい」になります。

C'est le meilleur vin de la région.
セ　ル　メイユール　ヴァン ドゥ ラ　レジオン
(これはこの地域で一番いいワインです)

mieuxは、副詞bien（よく、上手に）の優等比較級です。

定冠詞leをつければ優等最上級になります。

René parle anglais mieux que son frère.
ルネ　パルル　アングレ　ミュー　ク　ソン　フレール
(ルネはお兄さんより英語がうまい)

Ma plus belle histoire d'amour
『我が麗しき恋物語』(バルバラ、1967年)

伝説の歌姫バルバラが、ファンに対する感謝の念を歌いあげた曲。所有形容詞maが、最上級に必要な定冠詞の代わりになっています。

A

❶ La Seine est moins longue que la Loire.
ラ セーヌ エ モワン ロング ク ラ ロワール

❷ Les oranges sont aussi chères que les bananes.
レ ゾランジュ ソン トシ シェール ク レ バナーヌ

❸ Vous mangez plus lentement que votre femme.
ヴ マンジェ プリュ ラントマン ク ヴォートル ファム

❹ Cette voiture roule le plus vite de l'équipe.
セットゥ ヴォワチュール ルール ル プリュ ヴィトゥ ドゥ レキプ

❺ C'est le parc le plus vaste de la ville.
セル パルク ル プリュ ヴァストゥ ドゥ ラ ヴィル

20 不規則動詞

我々はすぐに出発したい。

Nous voulons partir tout de suite.
ヌ　　ヴロン　　パルティール　トゥ　ドゥ　スイットゥ

これだけ

vouloir（〜したい）の直説法現在

je veux ジュ ヴ	nous voulons ヌ　ヴロン
tu veux テュ ヴ	vous voulez ヴ　ヴレ
il veut イル ヴ	ils veulent イル ヴール

pouvoir（〜できる）の直説法現在

je peux ジュ プ	nous pouvons ヌ　プヴォン
tu peux テュ プ	vous pouvez ヴ　プヴェ
il peut イル プ	ils peuvent イル プーヴ

Q 単語をヒントに作文してみましょう。

❶ コーヒーを飲みたい。

飲む
boire

❷ アンリ（Henri）はプールへ行けません。

プールへ行く
aller à la piscine

❸ 明日時間通りに来られますか？

明日
demain

答えと音声を確認しよう

もっと1 vouloir, pouvoir, devoir

vouloir（〜したい）、pouvoir（〜できる）、devoir（〜しなければならない）は、動詞の不定法を直接目的語にとります。
vouloirは名詞を直接目的語にして「〜がほしい」の意味にもなります。

もっと2 その他の不規則動詞

devoir（〜しなければならない）

je dois	nous devons
ジュ ドワ	ヌ ドゥヴォン
tu dois	vous devez
テュ ドワ	ヴ ドゥヴェ
il doit	ils doivent
イル ドワ	イル ドワーヴ

voir（見える、会う）

je vois	nous voyons
ジュ ヴォワ	ヌ ヴォワイヨン
tu vois	vous voyez
テュ ヴォワ	ヴ ヴォワイエ
il voit	ils voient
イル ヴォワ	イル ヴォワ

boire（飲む）

je bois	nous buvons
ジュ ボワ	ヌ ビュヴォン
tu bois	vous buvez
テュ ボワ	ヴ ビュヴェ
il boit	ils boivent
イル ボワ	イル ボワーヴ

dire（言う）

je dis	nous disons
ジュ ディ	ヌ ディゾン
tu dis	vous dites
テュ ディ	ヴ ディトゥ
il dit	ils disent
イル ディ	イル ディーズ

A

❶ Je veux boire du café.
ジュ ヴ ボワール デュ カフェ

❷ Henri ne peut pas aller à la piscine.
アンリ ヌ プ パ アレ ア ラ ピシーヌ

❸ Vous pouvez arriver à l'heure demain ?
ヴ プヴェ アリヴェ ア ルール ドゥマン

ま と め

❶ 単数人称の発音は同じで、語尾は **-s, -s, -t (-x, -x, -t)**。

vouloir (〜したい)   je veux
pouvoir (〜できる)   je peux
devoir (〜しなければならない)   je dois

❷ nous と vous の語幹は同じことが多い。

❸ 3人称複数は動詞によって異なった変化をする。

Q 単語をヒントに文を完成させましょう。

❶ 家の窓からエッフェル塔が見えます。
On (　　　) la Tour Eiffel de ma fenêtre.
    見える **voir**

❷ 僕たちはビールを飲みます。
Nous (　　　) de la bière.
    飲む **boire**

❸ 料理してくれる？
Tu (　　　) faire la cuisine ?
    〜できる **pouvoir**

❹ 何を言っているのですか？
Qu'est-ce que vous (　　　) ?
    言う **dire**

❺ 私はこの小説を読みたくありません。
Je ne (　　　) pas lire ce roman.
    〜したい **vouloir**

❻ 子供たちは学校へ行かなくてはいけません。
Les enfants (　　　) aller à l'école.
    〜しなければならない **devoir**

+α その他の重要な不規則動詞

savoir（知っている）				connaître（知る）			
je sais ジュ セ		nou savons ヌ　　サヴォン		je connais ジュコネ		nous connaissons ヌ　　コネソン	
tu sais テュ セ		vous savez ヴ　　サヴェ		tu connais テュコネ		vous connaissez ヴ　　コネセ	
il sait イル セ		ils savent イル　サーヴ		il connaît イル コネ		ils connaissent イル　コネス	

Je ne connais pas cet homme
『私はこの男を知らない』（ブリジット・フォンテーヌ、1973年）

『ラジオのように』で音楽界を席巻したアヴァンギャルドの女王は齢70を超えいまだ健在です。2013年にはニューアルバムを発表しました。

A

❶ On voit la Tour Eiffel de ma fenêtre.
オン ヴォワ ラ トゥール エフェル ドゥ マ フネートル

❷ Nous buvons de la bière.
ヌ ビュヴォン ドゥ ラ ビエール

❸ Tu peux faire la cuisine ?
テュ プ フェール ラ キュイジーヌ

❹ Qu'est-ce que vous dites ?
ケ ス ク ヴ ディットゥ

❺ Je ne veux pas lire ce roman.
ジュ ヌ ヴ パ リール ス ロマン

❻ Les enfants doivent aller à l'école.
レ ザンファン ドワーヴ アレ ア レコール

まとめのドリル 4

1 かっこ内に一語入れて文章を完成させましょう。

① Tu danses avec (　　) ?
君は誰と踊るの？

② À (　　) pensez-vous ?
何を考えていますか？

③ Allo ! C'est (　　).
もしもし、僕だよ。

④ C'est un cadeau pour (　　).
これは彼へのプレゼントです。

⑤ (　　) sonne à la porte.
玄関でベルが鳴っています。

⑥ Elle a de (　　) notes que toi.
彼女は君より成績がいい。

⑦ Claudine chante le (　　) de la classe.
クロディヌはクラス一歌がうまい。

⑧ (　　) prenez-vous comme boisson ?
お飲み物は何になさいますか？

⑨ (　　) temps fait-il aujourd'hui ?
今日はどんな天気ですか？

⑩ Cette jupe est (　　) chère que ce pantalon.
このスカートはあのパンツより高くない。

2 動詞を適当な形に活用しましょう。

1. Les petits (　　　) bonjour à leur maître.　　**[dire]**
2. Qu'est-ce que tu (　　　) ?　　**[boire]**
3. (　　　)-vous la vérité ?　　**[savoir]**
4. Elle (　　　) bien Paris.　　**[connaître]**
5. Vous (　　　) nos parents ce soir ?　　**[voir]**

こたえ

1
① qui ② quoi ③ moi ④ lui ⑤ On ⑥ meilleures ⑦ mieux ⑧ Que ⑨ Quel ⑩ moins

2
① disent（子どもたちは先生にこんにちはと言う） ② bois（何を飲む？） ③ Savez（あなたは真実を知っていますか？） ④ connaît（彼女はパリをよく知っています） ⑤ voyez（あなたは私たちの両親に今晩会いますか？）

エリートはつらいよ

　フランスはピラミッド社会だとよく言われます。ごく一部のエリートたちが経済的、政治的に国を動かしているというのです。「グラン・ゼコール」grandes écoles という言葉を聞いたことがありませんか？ 社会の様々な分野で活躍するリーダーたちを養成する、高等教育機関です。エリート候補生の若者たちは、バカロレア（中等教育修了試験）の後、準備クラスというところで2年間勉強してからこれらの学校の選抜試験に臨みます。

　あるグラン・ゼコール出身の銀行員に、実際に試験を受けた時の話を聞いたことがあります。試験は1日1教科、朝1問だけ出され、図書館などを自由に使って調べて、夕方に口頭試問を受けるというのです。それが1週間続くそうです。過酷ですね。

STEP 5

21 命令法

リンゴを食べよう！

Mangeons des pommes !
マンジョン　　　デ　　　　ポム

これだけ

フランス語の**命令文は、主語を取るだけ**で作れます。

boire（飲む）

tu bois　　　→ **Bois** de l'eau.（水を飲みなさい）
　　　　　　　　ボワ　ドゥ　ロ

nous buvons　→ **Buvons** de l'eau.（水を飲みましょう）
　　　　　　　　ビュヴォン　ドゥ　ロ

vous buvez　 → **Buvez** de l'eau.（水を飲んでください）
　　　　　　　　ビュヴェ　ドゥ　ロ

Q 単語をヒントに作文してみましょう。

❶ ごはん早く食べちゃって。

（食べ）終える　ごはん
finir,　　　ton plat

❷ その歌は歌わないでください。

歌う　　　その歌
chanter, cette chanson

❸ 新聞を毎日読みましょう。

読む　新聞　　　毎日
lire, le journal, tous les jours

答えと音声を確認しよう

もっと1 命令法

2人称と1人称複数の文から主語を除くと命令文が作れます。nous に対する命令法は英語の let's に当たり、「〜しましょう」を表します。

Parlons français.（フランス語を話しましょう）
パルロン　　フランセ

否定命令の文も、否定文から主語を除くだけです。
Ne faites pas de bruit.（音を立てないで）
ヌ　フェットゥ　パ　ドゥ　ブリュイ

もっと2 Sの欠落

第一群規則動詞や aller など、**tu の活用が –es, -as で終わる動詞は、命令法で語末の s が落ちます。**

tu va**s**　　　　→ **Va** au lit !
　　　　　　　　　　ヴァ　オ　リ
　　　　　　　　　（ベッドに行きなさい！）

tu travaille**s**　→ **Travaille** bien !
　　　　　　　　　　トラヴァイユ　　ビヤン
　　　　　　　　　（ちゃんと勉強しなさい！）

A

❶ Finis vite ton plat.
　フィニ ヴィットゥ トン プラ

❷ Ne chantez pas cette chanson.
　ヌ シャンテ パ セットゥ シャンソン

❸ Lisons le journal tous les jours.
　リゾン ル ジュルナル トゥ レ ジュール

まとめ

❶ 2人称と1人称複数の文から主語を除く。
tu bois → **Bois** de l'eau.（水を飲みなさい）

❷ tuの活用が –es, -as で終わる動詞は語末のsが落ちる。
tu vas → **Va** au lit !（ベッドに行きなさい！）

Q 日本語文を参考にかっこ内の動詞を命令法に活用しましょう。

❶ いなかに行きましょう。
　行く　　いなかに
　aller, à la campagne

❷ 傘を1本持って行きなさい。
　持って行く　　　傘
　apporter,　parapluie (m)

❸ 8時半の列車に乗りなさい。
　乗る　　　8時半の
　prendre, de 8 heures et demie

❹ 窓をすべて開けて。
　開ける　　すべての窓
　ouvrir, toutes les fenêtres

❺ 母にそれを言わないでください。
　言う　それ　母に
　dire, ça, à ma mère

+α 特殊な命令法

以下の3つの動詞は命令法で特殊な活用をします。

	être (ある)	avoir (持つ)	savoir (知る)
tu	sois ソワ	aie エ	sache サッシュ
nous	soyons ソワイヨン	ayons エイヨン	sachons サション
vous	soyez ソワイエ	ayez エイエ	sachez サシェ

Soyons gentils avec tout le monde. (皆に親切にしましょう)
ソワイヨン ジョンティ アヴェク トゥ ル モンドゥ

Aie du courage ! (勇気を持て)
エ デュ クラージュ

Tirez sur le pianiste
『ピアニストを撃て』（フランソワ・トリュフォー、1960年）

トリュフォー初期のギャング映画です。ヌーヴェル・ヴァーグらしい手作り感が今でも新鮮で魅力的ですよ。tirer（引く）の命令法ですね。

A

❶ Allons à la campagne.
アロン ア ラ カンパーニュ

❷ Apporte un parapluie !
アポルトゥ アン パラプリュイ

❸ Prends le train de 8 heures et demie.
プラン ル トラン ドゥ ユイトゥール エ ドゥミ

❹ Ouvre toutes les fenêtres.
ウーブル トゥトゥ レ フネートル

❺ Ne dites pas ça à ma mère.
ヌ ディトゥ パ サ ア マ メール

22 疑問副詞

どこにお住まいですか？

Où habitez-vous ?
ウ　　アビテ　　　ヴ

これだけ

どこ	où ?　ウ
いつ	quand ?　カン
どのように	comment ?　コモン
いくつ、いくら	combien ?　コンビヤン
どうして	pourquoi ?　プルコワ

＊ parce que で答えます。

Q 単語をヒントに作文してみましょう。

❶ 動物園はいつ行くの？
　行く　動物園に
　aller, au zoo

❷ このワインはいかがですか？
　思う　このワイン
　trouver, ce vin

❸ 彼女は猫を何匹飼っているの？
　猫　飼う
　chats, avoir

答えと音声を確認しよう

作り方

もっと1

疑問副詞による疑問文も3種類の作り方があります。

「マリ・クレールはいつ着くのですか？」

Marie-Claire arrive **quand** ?
マリクレール　　　　アリーヴ　カン

Quand est-ce que Marie-Claire arrive ?
カン　　テ ス ク　　マリクレール　　アリーヴ

Quand Marie-Claire arrive-**t**-elle ?
カン　　マリクレール　　アリーヴ　テル

combienとcombien de

もっと2

combienは値段を、combien de は数量をたずねる言い方です。

C'est combien, ce pull vert ?
セ　　コンビヤン　　ス ピュル ヴェール
（この緑のセーターいくら？）

Combien d'heures mettez-vous pour aller au bureau ?
コンビヤン　ドゥール　メテ　ヴ　プール アレ オ ビュロー
（会社に行くのに何時間かけますか？）

A

❶ Tu vas au zoo quand ?
テュ ヴァ オ ゾー カン

❷ Comment trouvez-vous ce vin ?
コモン トルヴェ ヴ ス ヴァン

❸ Combien de chats a-t-elle ?
コンビヤン ドゥ シャ ア テル

まとめ

❶ どこ　　　　　　　**où ?**
　　　　　　　　　　ウ

❷ いつ　　　　　　　**quand ?**
　　　　　　　　　　カン

❸ どのように　　　　**comment ?**
　　　　　　　　　　コモン

❹ いくつ、いくら　　**combien ?**
　　　　　　　　　　コンビヤン

❺ どうして　　　　　**pourquoi ?**
　　　　　　　　　　プルコワ

Q かっこ内に適当な疑問副詞を入れて文を完成させましょう。

❶ どこで安い洋服を買えますか？
　　（　　）peut-on acheter des vêtements pas chers ?

❷ どうしてチーズを買いたいの？
　　（　　）veux-tu acheter du fromage ?
　　　　　　チーズ **fromage** m

❸ 庭に木は何本ありますか？
　　Il y a（　　）d'arbres dans le jardin ?
　　　　　　庭 **jardin** m

❹ エマニュエルはいつ日本に来ますか？
　　（　　）est-ce qu'Emmanuelle vient au Japon ?

❺ バゲット1本とクロワッサン2つでいくらになりますか？
　　Une baguette et deux croissants, ça fait（　　）?

❻ お仕事の調子はどうですか？
　　（　　）vont vos affaires ?
　　　　　　商売 **affaires** f pl

答えと音声を確認しよう

+α　d'où、depuis quand

oùやquandは前置詞とともに使うこともできます。

D'où vient-il, ton ami ?
ドゥ　ヴィアンティル トナミ
(君の彼氏は**どこの出身**ですか？)

Depuis quand apprends-tu le français ?
ドゥピュイ　カン　　アプラン　　テュ ル フランセ
(**いつから**フランス語を習っているの？)

A

① Où peut-on acheter des vêtements pas chers ?
ウ プ トン アシュテ デ ヴェトマン パ シェール

② Pourquoi veux-tu acheter du fromage ?
プルコワ ヴ テュ アシュテ デュ フロマージュ

③ Il y a combien d'arbres dans le jardin ?
イ リ ヤ コンビヤン ダルブル ダン ル ジャルダン

④ Quand est-ce qu'Emmanuelle vient au Japon ?
カン テ ス ケマニュエル ヴィアン オ ジャポン

⑤ Une baguette et deux croissants, ça fait combien ?
ユヌ バゲット エ ドゥ クロワサン サ フェ コンビヤン

⑥ Comment vont vos affaires ?
コモン ヴォン ヴォ ザフェール

23 複合過去

私たちはクスクスを食べました。

Nous avons mangé du couscous.
ヌ　ザヴォン　マンジェ　デュ　クスクス

これだけ

助動詞（avoir または être）の直説法現在＋過去分詞
★ ほとんどの動詞の助動詞は avoir
★ -er 動詞は語尾を -er → é に

manger（食べる）

j'ai mangé ジェ　マンジェ			nous avons mangé ヌ　ザヴォン　マンジェ		
tu as mangé テュ ア　マンジェ			vous avez mangé ヴ　ザヴェ　マンジェ		
il a mangé イ ラ　マンジェ			ils ont mangé イル　ゾン　マンジェ		

Q 日本語文を参考に作文してみましょう。

❶ この夏、フランス旅行をしました。

　この夏　　フランス旅行をする
　cet été, voyager en France

❷ 息子はサッカーをした。

　サッカーをする
　jouer au football

❸ ワイン買った？

　買う　　　ワイン
　acheter, du vin

答えと音声を確認しよう

複合過去

もっと1

avoir もしくは être の直説法現在形＋過去分詞で、過去の出来事を表し、「〜しました（したことがあります）」の意味で使われます。

過去分詞の作り方

-er → -é　donner（与える）→ **donné,** aller（行く）→ **allé**
　　　　　　ドネ　　　　　　　ドネ　　　アレ　　　　　　アレ

-ir → -i　finir（終える）→ **fini,** partir（出発する）→ **parti**
　　　　　フィニール　　　　フィニ　パルティール　　　　パルティ

Elles ont fini leurs devoirs.（彼女たちは宿題を終えた）
エル　ゾン　フィニ　ルール　ドゥヴォワール

否定文は助動詞を ne と pas で挟みます。

Tu n'as pas acheté de pain.（パン買わなかったね）
テュ　ナ　パ　アシュテ　ドゥ　パン

être をとる動詞

もっと2

aller（行く）、venir（来る）、rester（とどまる）など**移動を表す自動詞と代名動詞は être** をとります。助動詞が être の場合、過去分詞が主語と性数一致して、形容詞のように e や s がつきます。

arriver（着く）

je	suis	arrivé(e)	nous	sommes	arrivé(e)s
tu	es	arrivé(e)	vous	êtes	arrivé(e)(s)
il	est	arrivé	ils	sont	arrivés
elle	est	arrivée	elles	sont	arrivées

A

❶ Cet été, j'ai voyagé en France.
セッテテ　ジェ　ヴォワイヤジェ　アン　フランス

❷ Mon fils a joué au football.
モン　フィス　ア　ジュエ　オ　フットボール

❸ Est-ce que tu as acheté du vin ?
エ　ス　ク　テュ　ア　アシュテ　デュ　ヴァン

まとめ

❶ 多くは avoir ＋過去分詞
  ・-er → -é タイプ
    marcher（歩く）　j'ai marché　　tu as marché ...
  ・-ir → -i タイプ
    finir（終える）　j'ai fini　　　tu as fini ...

❷ 移動を表す動詞は être ＋過去分詞。主語に性数一致する。

❸ 助動詞に être をとる主な動詞
  aller（行く）、venir（来る）、partir（出発する）、arriver（着く）、naître（生まれる）、mourir（死ぬ）、rentrer（帰宅する）

❹ 否定は助動詞を ne と pas で挟む。

Q 単語をヒントに作文してみましょう。

❶ （レストランで）お決まりですか？
  選ぶ
  choisir

❷ この夏、我々はヴァカンスに出かけませんでした。
  ヴァカンスに出かける
  partir en vacances

❸ 私はヴェルサイユ宮殿を見学しました。
  見学する ヴェルサイユ宮殿
  visiter, le château de Versailles

❹ マルティヌ（Martine）は駅へ行かなかった。
  駅へ行く
  aller à la gare

答えと音声を確認しよう

+α 不規則な過去分詞の形

- avoir（持つ）→ eu
  アヴォワール　ユ
- venir（来る）→ venu
  ヴニール　ヴニュ
- prendre（取る）→ pris
  プランドル　プリ
- faire（する）→ fait
  フェール　フェ
- lire（読む）→ lu
  リール　リュ
- voir（見る）→ vu
  ヴォワール　ヴュ
- naître（生まれる）→ né
  ネートル　ネ
- être（いる）→ été
  エートル　エテ
- ouvrir（開ける）→ ouvert
  ウヴリール　ウヴェール
- attendre（待つ）→ attendu
  アタンドル　アタンデュ
- dire（言う）→ dit
  ディール　ディ
- écrire（書く）→ écrit
  エクリール　エクリ
- mettre（置く）→ mis
  メットル　ミ
- mourir（死ぬ）→ mort
  ムリール　モール

Qui a tué Grand-Maman ?

『愛のコレクション』（ミシェル・ポルナレフ、1971年）

原題は「誰がおばあちゃんを殺したか」。『シェリーにくちづけ』で有名なフランスの国民的歌手の文明批判、環境保護の歌です。

A

❶ Vous avez choisi ?
ヴ ザヴェ ショワジ

❷ Cet été, nous ne sommes pas partis en vacances.
セッテテ ヌ ヌ ソム パ パルティ アン ヴァカンス

❸ J'ai visité le château de Versailles.
ジェ ヴィジテ ル シャトー ドゥ ヴェルサイユ

❹ Martine n'est pas allée à la gare.
マルティーヌ ネ パ ザレ ア ラ ガール

24 補語人称代名詞

「愛してる？」「愛してるよ」
Tu m'aimes ?
テュ　メーム
- Oui, je t'aime.
ウィ　ジュ　　テーム

これだけ

直接目的補語（〜を）
me　te　le　la　nous　vous　les
ム　トゥ　ル　ラ　ヌ　ヴ　レ

間接目的補語（〜に）
me　te　lui　lui　nous　vous　leur
ム　トゥ　リュイ　リュイ　ヌ　ヴ　ルール

補語人称代名詞は動詞の前に入ります。
Ce film, tu le vois ?（その映画、君はそれを見るの？）
ス　フィルム　テュ　ル　ヴォワ

Je lui offre un cadeau.（私は彼にプレゼントをあげる）
ジュ　リュイ　オフル　アン　カドー

Q 単語をヒントに作文してみましょう。

❶ 私は彼女を知っている。

知っている
connaître

❷ あなたを信用しますよ。

信用する
faire confiance

❸ 今晩君に電話するよ。

電話する　　今晩
téléphoner, ce soir

答えと音声を確認しよう

補語人称代名詞

直接目的補語「〜を」、間接目的補語「〜に」があります。

直接目的 (〜を)	me	te	le	la	nous	vous	les
間接目的 (〜に)	me	te	lui	lui	nous	vous	leur

1、2人称は直接・間接目的の形が同じで、3人称のみ異なります。
me, te, le, la は母音、無音のhの前ではエリジオンします。

語順

補語人称代名詞は**動詞の前**に入ります。

pouvoir（〜できる）、vouloir（〜したい）や近接未来・過去などがあるとき、**代名詞は不定法の前**に置きます。
Tu veux le voir ?（それ見たい？）
テュ ヴ ル ヴォワール

否定文では、neの後に補語人称代名詞がきます。
Tu ne le vois pas ?（君はそれを見ないの？）
テュ ヌ ル ヴォワ パ

複合過去では、過去分詞の前ではなく助動詞の前に置きます。
Tu l'as vu ?（それを見た？）
テュ ラ ヴュ

Tu ne l'as pas vu ?（それを見なかったの？）
テュ ヌ ラ パ ヴュ

A

❶ Je la connais.
ジュ ラ コネ

❷ Je vous fais confiance, Monsieur.
ジュ ヴ フェ コンフィアンス ムシュー

❸ Je te téléphone ce soir.
ジュ トゥ テレフォンヌ ス ソワール

まとめ

❶ 語順は、主語(ne)＋代名詞＋動詞(pas)

❷ 直接目的補語(〜を)
me　　te　　le　　la　　nous　　vous　　les

❸ 間接目的補語(〜に)
me　　te　　lui　　lui　　nous　　vous　　leur

Q 下線部を代名詞に置き換え、質問に答えましょう。

❶ 子供たちを動物園に連れて行くの？
Tu emmènes <u>les enfants</u> au zoo ?
- Oui,

❷ 今晩彼氏に会うの？
Vous allez voir <u>votre ami</u> ce soir ?
- Non, je

❸ 彼女は絵を見ていますか？
Regarde-t-elle <u>les tableaux</u> ?
- Non,

❹ あなたはセルジュに本当のことを言わないのですか？
Vous ne dites pas la vérité <u>à Serge</u> ?
- Si, je

❺ 新聞読みましたか？
As-tu lu <u>le journal</u> ?
- Non,

答えと音声を確認しよう

+α 命令文の語順

「動詞 - 代名詞（強勢形）」の順になります。

Aidez votre mère. **Aidez-la**. (お母さんを手伝ってあげて)
エデ　　ヴォートル メール　　エデ ラ

Raconte-**moi** une histoire. (お話1つしてよ)
ラコントゥ　　モワ　　ユニストワール

否定形では、代名詞は動詞の前に置きます。

Ne leur dites rien. (彼らには何も言わないでください)
ヌ　　ルール ディットゥ リヤン

Je vous salue, Marie
『ゴダールのマリア』（ジャン・リュック・ゴダール、1984年）

公開時に大変な物議をかもしたゴダール中期の作品。「私はあなたにあいさつします」の意で、vous は直接目的補語です。

A

❶ Oui, je les emmène au zoo.
ウィ ジュ レ ザメーヌ オ ゾー

❷ Non, je ne vais pas le voir ce soir.
ノン ジュ ヌ ヴェ パ ル ヴォワール ス ソワール

❸ Non, elle ne les regarde pas.
ノン エル ヌ レ ルギャルドゥ パ

❹ Si, je lui dis la vérité.
シ ジュ リュイ ディ ラ ヴェリテ

❺ Non, je ne l'ai pas lu.
ノン ジュ ヌ レ パ リュ

25 代名動詞

12時に寝ます。

Je me couche à minuit.
ジュ　ム　クーシュ　ア　ミニュイ

これだけ

se coucher（寝る）の直説法現在

je me couche ジュ ム クーシュ	nous nous couchons ヌ ヌ クション
tu te couches テュ トゥ クーシュ	vous vous couchez ヴ ヴ クシェ
il se couche イル ス クーシュ	ils se couchent イル ス クーシュ

Q　単語をヒントに作文してみましょう。

❶ 妹の面倒を見るのよ。

面倒を見る
s'occuper

❷ 私は髪を洗わない。

洗う　　　髪
se laver, les cheveux

❸ 彼らは毎晩電話をかけあいます。

電話する　　毎晩
se téléphoner, tous les soirs

答えと音声を確認しよう

代名動詞

再帰代名詞 se (s') を伴って働く動詞を代名動詞といいます。再帰代名詞 se は主語に応じて変化します。
語順は、補語人称代名詞と同じです。

s'appeler (〜という名前だ) の直説法現在

je m'appelle ジュ マ ペル	nous nous appelons ヌ ヌ ザプロン
tu t'appelles テュ タ ペル	vous vous appelez ヴ ヴ ザプレ
il s'appelle イル サ ペル	ils s' appellent イル サ ペル

Je m'appelle Vincent.
ジュ マペル ヴァンサン
(私はヴァンサンと申します)

代名動詞の用法

①再帰的用法(自分を(に)〜する)

coucher (寝かせる) → se coucher (自分を寝かせる=寝る)

②相互的用法(お互いに〜する)

Joséphine et Pierre s'aiment l'un l'autre.
ジョセフィーヌ エ ピエール セーム ラン ロートル
(ジョセフィーヌとピエールは愛し合っている)

③受動的用法(〜されている)

Ce mot s'écrit comment ? (その言葉はどう書くの?)
ス モ セクリ コモン

その他、代名動詞でしか存在しないものがあります。

Je me souviens bien de cette histoire.
ジュ ム スヴィアン ビヤン ドゥ セッティストワール
(その話はよく覚えています) (<se souvenir de)

A

❶ Tu t'occupes de ta sœur.
テュ トキュップ ドゥ タ スール

❷ Je ne me lave pas les cheveux.
ジュ ヌ ム ラーヴ パ レ シュヴー

❸ Ils se téléphonent tous les soirs.
イル ス テレフォンヌ トゥ レ ソワール

まとめ

❶ 「再帰的用法（自分を（に）〜する）se coucher（寝る）」「相互的用法（お互いに〜する）s'aimer（愛し合う）」「受動的用法（〜されている）s'écrire（書かれる）」などの用法がある。

❷ 語順は、補語人称代名詞と同じ。
Vous vous couchez tôt. Vous **ne** vous couchez **pas** tôt.

Q 単語をヒントに文を完成させましょう。

❶ 日本文化に興味があるの？
　　Tu (　　) à la culture japonaise ?

興味がある
s'intéresser

❷ あなたは道を間違えています。
　　Vous (　　) de route.

間違える
se tromper

❸ ドアがひとりでに開く。
　　La porte (　　) toute seule.

開く
s'ouvrir

❹ この男のことは思い出せません。
　　Je (　　) cet homme.

思い出す
se rappeler

❺ 何を期待しているの？
　　A quoi est-ce que tu (　　) ?

期待する
s'attendre

❻ 我々は来年結婚します。
　　Nous (　　) l'année prochaine.

結婚する
se marier

答えと音声を確認しよう

+α 代名動詞の複合過去

助動詞は être です。**過去分詞は主語と性数一致**します。

se coucher (寝る)

je me suis couché(e) ジュ ム スイ クシェ	nous nous sommes couché(e)s ヌ ヌ ソム クシェ
tu t' es couché(e) テュ テ クシェ	vous vous êtes couché(e)(s) ヴ ヴ ゼットゥ クシェ
il s' est couché イル セ クシェ	ils se sont couchés イル ス ソン クシェ
elle s' est couchée エル セ クシェ	elles se sont couchées エル ス ソン クシェ

＊再帰代名詞が間接目的補語の役割のときは性数一致しません。

Elle s'est lavé les cheveux. (彼女は髪を洗った)
エル セ ラヴェ レ シュヴー

Elles se sont téléphoné. (彼女たちは電話をかけあった)
エル ス ソン テレフォネ

A

❶ Tu t'intéresses à la culture japonaise ?
テュ タンテレス ア ラ キュルチュール ジャポネーズ

❷ Vous vous trompez de route.
ヴ ヴ トロンペ ドゥ ルート

❸ La porte s'ouvre toute seule.
ラ ポルト スーヴル トゥトゥ スール

❹ Je ne me rappelle pas cet homme.
ジュ ヌ ム ラペル パ セットム

❺ A quoi est-ce que tu t'attends ?
ア コワ エスク テュ タタン

❻ Nous nous marions l'année prochaine.
ヌ ヌ マリオン ラネ プロシェンヌ

まとめのドリル 5

1 動詞を複合過去で活用しましょう。

① Elle ( ) de France. [**venir**]
② Vous ( ) hier soir. [**se téléphoner**]
③ Tu ( ) les courses ? [**déjà faire**]
④ Qu'est-ce que vous ( ) ? [**dire**]
⑤ Elle ( ) de moi. [**se moquer**]
⑥ Je ( ) de médicaments. [**ne pas prendre**]
⑦ Ma fille ( ) en 2006. [**naître**]
⑧ Nous ( ) un bon film. [**voir**]
⑨ Michel ( ) son manteau. [**mettre**]

2 日本語訳を参考にして、かっこ内の動詞を命令法に活用しましょう。

① (Avoir) de la patience. 忍耐力を持ちましょう。

→ _____ [nous]

② (Ne pas être) si timides. そんなにシャイにならないでください。

→ _____ [vous]

③ (Savoir) la vérité. 真実を知りなさい。

→ _____ [tu]

3 下線部の名詞を代名詞にして命令文を完成しましょう。

① (Manger) ce gâteau. そのケーキを食べなさい。

→ _____

② (Attendre) Elisabeth et Agnès. エリザベートとアニェスを待ちましょう。

→ _____

③ (Dire) bonsoir à votre ami. あなたの友だちにこんばんはを言ってください。

→ _____

こたえ

1
① est venue（彼女はフランスから来ました） ② vous êtes téléphoné（君たちは昨夜電話で話した） ③ as déjà fait（もう買いものした？） ④ avez dit（あなたは何と言ったのですか？） ⑤ s'est moquée（彼女は私のことをからかった） ⑥ n'ai pas pris（私は薬を飲まなかった） ⑦ est née（私の娘は2006年に生まれた） ⑧ avons vu（私たちはいい映画を見た） ⑨ a mis（ミシェルはコートを着た）

2
① Ayons ② Ne soyez pas ③ Sache

3
① Mange-le ! ② Attendons-les ! ③ Dites-lui bonsoir !

コラム5

櫛の歯が欠けたように

　休暇が嫌いな人はいないでしょうが、フランス人のヴァカンス好きは有名ですね。週の労働時間は35時間、年間有給休暇5週間を取る権利が法律によって守られている国民は、ピラミッド社会のなかで出世の望みをあまりもてない代わりに、長い余暇を楽しむことを生きがいにしています。大げさに言うと、彼らの1年は、ヴァカンスの計画を立てる時期、それを満喫する時期、その思い出に浸る時期の繰り返しなのです。

　フランスの学校には、始業式や終業式がありません。入学、卒業の儀式さえないのです。学年末の6月末になると、親の都合によって子どもたちが一人、また一人と教室からいなくなり、なし崩し的に学期が終わっていきます。

　もちろん、最終週ともなると授業を進めるのは難しく、小学校低学年では次第に教室が託児所代わりになっていくそうです。

STEP 6

26 関係代名詞

父の勧めてくれたレストランへ行きましょう。

On va au restaurant que mon père nous a recommandé.
オン ヴァ オ レストラン ク モン ペール ヌ ザ ルコマンデ

これだけ

先行詞の関係節内での役割

主語 = **qui**
キ

直接目的語 = **que**
ク

前置詞 de とともに = **dont**
ドン

場所、時の補語 = **où**
ウ

Q 単語のヒントを参考に作文してみよう。

❶ 私たちは8時発の列車に乗ります。

乗る　　8時に
prendre, à 8 heures

❷ 君が読んでいる本を貸してくれ。

貸す　読む
prêter, lire

❸ 僕はお父さんが俳優の少年を知っています。

少年　俳優
garçon, acteur

答えと音声を確認しよう

関係代名詞 qui、que

関係節が修飾する先行詞の関係節内での役割によって決まります。
先行詞が人か物かの区別はこの段階ではありません。

qui　先行詞が関係節の主語

Voilà la robe qui plaît bien à Lise.
ヴォワラ ラ ローブ キ プレ ビヤン ア リーズ
（あれはリーズがとても気に入っているドレスです）

que　先行詞が関係節の直接目的補語

Vous buvez ce bon vin que j'ai acheté ?
ヴ ビュヴェ ス ボン ヴァン ク ジェ アシュテ
（私が買ったこのおいしいワインをお飲みになりますか？）

関係代名詞 dont、où

dont　先行詞が関係節で前置詞 de とともに働く

Va chercher le dictionnaire dont tu as besoin.
ヴァ シェルシェ ル ディクシヨネール ドン テュ ア ブゾワン
（君が必要としている辞書をとってきなさい）＊<avoir besoin de

où　先行詞が関係節で場所や時の状況補語の働きをする

Voyez-vous la maison où ma mère est née ?
ヴォワイエ ヴ ラ メゾン ウ マ メール エ ネ
（母が生まれた家が見えますか？）

A

❶ Nous prenons le train qui part à 8 heures.
ヌ プルノン ル トラン キ パール ア ユイトゥール

❷ Prête-moi le livre que tu lis.
プレトゥ モワ ル リーヴル ク テュ リ

❸ Je connais un garçon dont le père est acteur.
ジュ コネ アン ギャルソン ドン ル ペール エ アクトゥール

まとめ

❶ 関係代名詞は先行詞の関係節内での働きによって決まる。
la ville **qui** est loin d'ici（ここから遠い町）（**主語**）
la ville **que** j'aime bien（私がとても好きな町）（**直接目的語**）
la ville **où** je suis né（私が生まれた町）（**場所**）
la ville **dont** le centre est un grand parc (de+)
（中央が大きな公園の町）

❷ dontの関係節でよく使うdeを伴う重要な動詞表現
parler de（〜について話す）、avoir besoin de（〜が必要である）、se souvenir de（〜を覚えている）、avoir peur de（〜が恐い）、être fier de（〜を誇りに思う）など。

Q （　）内に関係代名詞を入れて文を完成させましょう。

❶ これが君のために選んだ花束だよ。
　Voici le bouquet (　) j'ai choisi pour toi.

❷ 我々が誇りに思う結果だ。　　　　　　誇りにしている
　C'est le résultat (　) on est très fiers.　**fier de**

❸ このセーターを買った店はどこにあるの？
　Où se trouve la boutique (　) tu as acheté ce pull ?

❹ 僕の彼女と話している少年を僕は知らない。
　Je ne connais pas le garçon (　) parle avec ma copine.

❺ フランスで描いた絵をお見せしましょう。
　Je vous montre le tableau (　) j'ai peint en France.

+α 強調構文

強調したい部分を C'est 〜 qui(que) で挟みます。

主語の強調 C'est 〜 qui
それ以外の強調 C'est 〜 que

C'est <u>Jeanne</u> **qui** mange un sandwich dans ce café à midi.
セ　ジャンヌ　キ　マンジュ　アン サンドゥイッチ ダン ス カフェ ア ミディ
(正午にこのカフェでサンドイッチを食べるのは<u>ジャンヌです</u>)

C'est <u>un sandwich</u> **que** Jeanne mange dans ce café à midi.
セ　アン サンドゥイッチ　ク　ジャンヌ　マンジュ　ダン　ス カフェ ア ミディ
(ジャンヌが正午にこのカフェで食べるのは<u>サンドイッチです</u>)

C'est <u>dans ce café</u> **que** Jeanne mange un sandwich à midi.
セ　ダン ス カフェ ク　ジャンヌ　マンジュ　アン サンドゥイッチ ア ミディ
(ジャンヌが正午にサンドウィッチを食べるのは<u>このカフェです</u>)

A

❶ Voici le bouquet que j'ai choisi pour toi.
ヴォワシ ル ブケ ク ジェ ショワジ プール トワ

❷ C'est le résultat dont on est très fiers.
セ ル レズュルタ ドン トン ネ トレ フィエール

❸ Où se trouve la boutique où tu as acheté ce pull ?
ウ ス トルーヴ ラ ブティック ウ テュ ア アシュテ ス ピュル

❹ Je ne connais pas le garçon qui parle avec ma copine.
ジュ ヌ コネ パ ル ギャルソン キ パルル アヴェク マ コピンヌ

❺ Je vous montre le tableau que j'ai peint en France.
ジュ ヴ モントル ル タブロー ク ジェ パン アン フランス

27 半過去

私が出会ったとき、シャルルは20歳だった。
Lorsque je l'ai rencontré, Charles avait 20 ans.
ロルスク　ジュ　レ　ランコントレ　シャルル　アヴェ　ヴァンタン

これだけ

直説法現在 nous の人称変化から -ons を取った語幹に、
-ais, -ais, -ait, -ions, -iez, -aient をつけます。

chanter（歌う）
nous chantons － -ons → 語幹は chant-

je chantais ジュ シャンテ	nous chantions ヌ シャンティヨン
tu chantais テュ シャンテ	vous chantiez ヴ シャンティエ
il chantait イル シャンテ	ils chantaient イル シャンテ

Q 日本語文を参考に作文してみましょう。

❶ 私はいつも同じ歌を歌っていました。

同じ歌
la même chanson

_____

❷ 子どもの時、私はプールによく行った。

子どもの時
dans mon enfance,
よく　　　　プールに
souvent, à la piscine

_____

❸ 電話が鳴った時、みんな寝ていました。

眠る　　　電話が鳴る
dormir, le téléphone sonner

_____

答えと音声を確認しよう

もっと1 　直説法半過去

進行していた行為、状態、習慣（「～していました」）を表します。
すべての動詞で語尾活用は共通です。

je	-ais	nous	-ions
tu	-ais	vous	-iez
il	-ait	ils	-aient

＊単数人称と3人称複数では発音も同じ。

À l'époque, nous habitions à Yokohama.
ア　レポック　　ヌ　　　ザビティヨン　　ア　ヨコハマ
（当時、私たちは横浜に住んでいました）

もっと2 　êtreの半過去

êtreは例外で、**ét-が語幹**になります。

j' étais		nous étions	
ジェ テ		ヌ　　ゼティヨン	
tu étais		vous étiez	
テュ エテ		ヴ　　ゼティエ	
il était		ils étaient	
イ　レテ		イル　ゼテ	

Avant, Florence était grosse.
アヴァン　フロランス　エテ　グロス
（以前、フローランスは太っていました）

A

❶ Je chantais toujours la même chanson.
ジュ シャンテ トゥジュール ラ メーム シャンソン

❷ Dans mon enfance, j'allais souvent à la piscine.
ダン モナンファンス ジャレ スヴァン ア ラ ピシーヌ

❸ On dormait quand le téléphone a sonné.
オン ドルメ カン ル テレフォンヌ ア ソネ

まとめ

❶ 複合過去が過去に完了した行為(「〜しました」)を表すのに対し、半過去は進行していた行為、状態、習慣(「〜していました」)を表す。

❷ 語幹は、nousの直説法現在形から-onsを除いた形。ただし、êtreの語幹はét-。

❸ 語尾は、例外なく -ais, -ais, -ait, -ions, -iez, -aient。

Q 日本語文を参考に、動詞を正しい時制にしましょう。

❶ エレーヌが家に帰った時、だれもいなかった。
Quand Hélène (rentrer) à la maison, il n'y (avoir) personne.

❷ お風呂に入っていると、地震がありました。
Je (prendre) le bain quand il y (avoir) un tremblement de terre.

❸ あなたがパリに着いたときはどんな天気でしたか？
Quel temps (faire)-il quand vous (arriver) à Paris ?

❹ 娘が生まれた時、私たちは金持ちではなかったがすごく幸せだった。
Nous (ne pas être) riches mais bien heureux quand notre fille (naître).

答えと音声を確認しよう

+α 半過去の用法

①過去進行中の行為「〜していた」

À 9 heures, tout le monde travaillait au bureau.
ア ヌヴール トゥ ル モンドゥ トラヴァイエ オ ビュロー
（9時には、会社では皆働いていた）

②過去のある時点における状態「〜だった」

Quand je suis sorti, il faisait très chaud.
カン ジュ スイ ソルティ イル フゼ トレ ショ
（私が外に出た時、とても暑かった）

③過去の習慣「〜したものだ」

Dans mon enfance, je passais mes vacances chez mes grands-parents.
ダン モナンファンス ジュ パッセ メ ヴァカンス シェ メ グラン パラン
（少年時代は祖父母の家で休暇を過ごしたものです）

A

❶ Quand Hélène est rentrée à la maison, il n'y avait personne.
カン エレーヌ エ ラントレ ア ラ メゾン イル ニ アヴェ ペルソンヌ

❷ Je prenais le bain quand il y a eu un tremblement de terre.
ジュ プルネ ル バン カン ティ リ ヤ ユ アン トランブルマン ドゥ テール

❸ Quel temps faisait-il quand vous êtes arrivé à Paris ?
ケル タン フゼ ティル カン ヴ ゼットゥ アリヴェ ア パリ

❹ Nous n'étions pas riches mais bien heureux quand notre fille est née.
ヌ ネティヨン パ リッシュ メ ビヤン ウルー カン ノートル フィーユ エ ネ

28 中性代名詞

CD 61

「お子さんはいますか？」「はい、1人息子がいます」
Avez-vous des enfants ?
アヴェ　ヴ　デ　ザンファン
-Oui, j'en ai un : un fils.
ウィ　ジャン　ネ　アン　アン　フィス

これだけ

繰り返しをさけて「それ」「そこ」「そのこと」などを指し、動詞の前に入ります。

en = de ＋名詞／限定されていない直接目的補語
アン

y = à ＋名詞／場所の補語
イ

le = 属詞（être の後に来る名詞、形容詞）／文全体、節など
ル

Q 単語をヒントに作文してみましょう。

❶ 「あの事件のこと覚えてる？」
　「うん、よく覚えているよ」

> 覚えている
> **se souvenir de,**
> あの事件
> **cette affaire**

❷ 「パリに行ったことがありますか？」
　「いいえ、1度もありません」

> すでに　パリにいる
> **déjà, être à Paris**

❸ クリスティアン（Christian）はアメリカに旅立ったの？ 知らなかったよ。

> アメリカに旅立つ
> **partir pour les Etats-Unis**

答えと音声を確認しよう

en

前置詞 de ＋名詞の代わり

Avez-vous besoin **de ce dictionnaire** ?
アヴェ ヴ ブゾワン ドゥ ス ディクシヨネール

- Oui, j'**en** ai besoin.
 ウイ ジャン ネ ブゾワン

（この辞書必要ですか？―はい、必要です）

限定されていない直接目的補語の代わり

Combien **de croissants** veux-tu ?
コンビヤン ドゥ クロワサン ヴ テュ

- J'**en** veux trois.
 ジャン ヴ トロワ

（クロワッサンいくつ欲しい？―3つ欲しい）

y

前置詞 à ＋名詞の代わり

Cécile a-t-elle répondu **à cette lettre** ?
セシル ア テル レポンデュ ア セット レットル

- Oui, elle **y** a répondu.
 ウイ エル イ ア レポンデュ

（セシルは手紙に返事をしましたか？―はい、返事をしました）

場所の補語の代わり

On va entrer **dans ce café** ?
オン ヴァ アントレ ダン ス カフェ

- Oui, on va **y** entrer.
 ウイ オン ヴァ イ アントレ

（あのカフェに入る？―うん、入ろう）

A

❶ Tu te souviens de cette affaire ? - Oui, je m'en souviens bien.
テュ トゥ スヴィアン ドゥ セッタフェール ウィ ジュ マン スヴィアン ビヤン

❷ Avez-vous déjà été à Paris ? - Non, je n'y ai jamais été.
アヴェ ヴ デジャ エテ ア パリ ノン ジュ ニ エ ジャメ ゼテ

❸ Christian est parti pour les Etats-Unis ? Je ne le savais pas.
クリスティアン エ パルティ プール レ ゼタ ジュニ ジュ ヌ ル サヴェ パ

まとめ

❶ en
- 限定されていない直接目的補語
  J'en veux trois. (それを３つ欲しい)
- de ＋名詞
  J'en ai besoin. (それが必要です)
  <avoir besoin de ... (…が必要である)

❷ y
- 場所　　On va y entrer. (そこに入ろう)
- à ＋名詞　Elle y a répondu. (それに返事をしました)
  <répondre à ... (…に返事をする)

Q 下線部を中性代名詞に置き換えましょう。

❶ この計画についてはあまり話されていない。
On ne parle pas beaucoup de ce projet.

❷ パンダを見たことがありますか？
Avez-vous déjà vu un panda ?

❸ 我々はその講演会に出席した。
Nous avons assisté à cette conférence.

❹ この菜園で彼らはトマトを作っている。
Ils cultivent des tomates dans ce jardin.

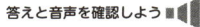

+α　le

属詞（êtreの後にくる名詞や形容詞）を受ける。

Est-elle **heureuse** ?
エ　テル　　ウルーズ
- Oui, elle l'est.
　ウィ　エ　レ
（彼女は幸福ですか？―はい、幸福です）

文、節、動詞の不定法を受ける。

Sais-tu **que son père a été hospitalisé** ?
セ　テュク　ソン　ペール　ア　エテ　オスピタリゼ
- Non, je ne le sais pas.
　ノン　ジュ ヌ　ル セ　パ
（彼女のお父さんが入院したの知ってる？―いいえ、知らないよ）

A

❶ On n'en parle pas beaucoup.
オン ナン パルル パ ボクー

❷ En avez-vous déjà vu ?
アナヴェ ヴ デジャ ヴュ

❸ Nous y avons assisté.
ヌ ジ アヴォン アシステ

❹ Ils y cultivent des tomates.
イル ジ キュルティーヴ デ トマートゥ

29 単純未来

来年フランス人の友人が日本に来ます。
L'année prochaine, mes amis français visiteront le Japon.
ラネ　プロシャンヌ　メ　ザミ　フランセ　ヴィジトロン　ル　ジャポン

これだけ

作り方：不定法＋共通語尾

je	-ai	nous	-ons
tu	-as	vous	-ez
il	-a	ils	-ont

chanter（歌う）の直説法単純未来

je	chanter**ai**	nous	chanter**ons**
	ジュ　シャントゥレ		ヌ　シャントゥロン
tu	chanter**as**	vous	chanter**ez**
	テュ　シャントゥラ		ヴ　シャントゥレ
il	chanter**a**	ils	chanter**ont**
	イル　シャントゥラ		イル　シャントゥロン

Q 単語をヒントに作文してみましょう。

❶ どの曲を歌うの？
　どの曲　**quelle chanson**

＿＿＿＿＿＿＿＿＿＿＿＿＿＿

❷ 私たちはもうすぐ引っ越します。
　引っ越す　もうすぐ　**déménager, bientôt**

＿＿＿＿＿＿＿＿＿＿＿＿＿＿

❸ 今晩ピアノを弾きます。
　今晩　ピアノを弾く　**ce soir, jouer du piano**

＿＿＿＿＿＿＿＿＿＿＿＿＿＿

答えと音声を確認しよう

もっと1 直説法単純未来

未来に起こるであろうことや、予想されること、行う予定、意志がある行為を表します。不定法に以下の語尾をつけて作ります。

-ai, -as, -a, -ons, -ez, -ont

これは **avoir の現在形の活用とほとんど同じ**です。

- 第一群規則動詞　　　　　　　je **travailler**ai
　　　　　　　　　　　　　　　ジュ トラヴァイユレ
- 多くの -ir 動詞（venir 以外）　je **sortir**ai
　　　　　　　　　　　　　　　ジュ ソルティレ
- 多くの -re 動詞（faire 以外）　j'**attendr**ai　＊eai にならない。
　　　　　　　　　　　　　　　ジャタンドレ

もっと2 特殊な語幹をとる動詞

être（ある）：**je serai**　　　　avoir（持つ）：**j'aurai**
　　　　　　ジュ スレ　　　　　　　　　　　ジョレ

aller（行く）：**j'irai**　　　　　venir（来る）：**je viendrai**
　　　　　　ジレ　　　　　　　　　　　　　ジュ ヴィアンドレ

faire（する）：**je ferai**　　　　voir（見る）：**je verrai**
　　　　　　ジュ フレ　　　　　　　　　　　ジュ ヴェレ

savoir（知っている）：**je saurai**　vouloir（〜したい）：**je voudrai**
　　　　　　　　　　ジュ ソレ　　　　　　　　　　　　ジュ ヴドレ

pouvoir（〜できる）：**je pourrai**　envoyer（送る）：**j'enverrai**
　　　　　　　　　ジュ プレ　　　　　　　　　　　　ジャンヴェレ

Je viendrai vous voir au bureau demain matin.
ジュ ヴィアンドレ ヴ ヴォワール オ ビュロー ドゥマン マタン
（明日の朝、あなたにお会いしに会社へ伺いますよ）

A

❶ Tu chanteras quelle chanson ?
　テュ シャントゥラ ケル シャンソン

❷ Nous déménagerons bientôt.
　ヌ デメナジュロン ビヤント

❸ Ce soir, je jouerai du piano.
　ス ソワール ジュ ジュエレ デュ ピアノ

まとめ

❶ 作り方は「不定法＋共通語尾」

je	-ai	nous	-ons
tu	-as	vous	-ez
il	-a	ils	-ont

❷ 特殊な語幹をとる動詞

être - je serai、avoir – j' aurai、aller – j' irai、venir – je viendrai、faire – je ferai、voir – je verrai、savoir – je saurai など。

Q かっこ内の動詞を単純未来で活用しましょう。

❶ そのことは誰にも話さないで。
Tu ne (　　) à personne de cela.
話す **parler**

❷ 結婚して幸せになろう。
On (　　) et on (　　) heureux.
結婚する **se marier,**
幸せである **être heureux**

❸ 娘はきっとこのケーキを選ぶだろう。
Ma fille (　　) certainement ce gâteau.
選ぶ **choisir**

❹ この小説の後は何を読みますか？
Qu'est-ce que vous (　　) après ce roman ?
読む **lire**

❺ このセーターを着なさい。さもないと寒くなるよ。
Mets ce pull, sinon tu (　　) froid.
寒い **avoir froid**

❻ 明日天気がよくないでしょう。
Demain il ne (　　) pas beau.
天気がいい **faire beau**

答えと音声を確認しよう

+α 指示代名詞

既出の名詞の繰り返しを避けるために用います。単独では使われません。性数変化します。

	男性	女性
単数	**celui** スリュイ	**celle** セル
複数	**ceux** ス	**celles** セル

Voici deux livres. Prends celui qui t'intéresse le plus.
ヴォワシ ドゥ リーヴル プラン スリュイ キ タンテレス ル プリュス
（ここに2冊本があります。より興味を引く方をとりなさい）

Un coup de dés jamais n'abolira le hasard
『骰子一擲（さいころいってき）』（ステファン・マラルメ、1897年）

19世紀の大詩人が「詩と偶然」について詠った実験的詩作です。「サイコロの一振りは決して偶然を廃止しないだろう」という意味です。

A

❶ Tu ne parleras à personne de cela.
テュ ヌ パルルラ ア ペルソンヌ ドゥ スラ

❷ On se mariera et on sera heureux.
オン ス マリラ エ オン スラ ウルー

❸ Ma fille choisira certainement ce gâteau.
マ フィーユ ショワジラ セルテヌマンス ガトー

❹ Qu'est-ce que vous lirez après ce roman ?
ケスクヴ リレ アプレス ロマン

❺ Mets ce pull, sinon tu auras froid.
メス ピュル シノン テュ オラ フロワ

❻ Demain il ne fera pas beau.
ドゥマン イル ヌ フラ パ ボー

単純未来

30 ジェロンディフ

母はラジオを聴きながら料理をしたものだ。
Ma mère faisait la cuisine en écoutant la radio.
マ メール フゼ ラ キュイジーヌ アン ネクタン ラ ラディオ

これだけ

ジェロンディフ＝前置詞 en ＋現在分詞
同時性（〜しながら）、条件、手段、理由、対立を表す。

現在分詞の作り方
直説法現在 nous の活用語尾 -ons を -ant に変える。
 chanter（歌う）→ nous chantons → chantant
 シャンテ　　　　　ヌ　シャントン　　シャンタン

Q 単語をヒントに作文してみましょう。

❶ 小学生たちは歌いながら歩きました。
　小学生たち　歩く　歌う
　écoliers, marcher, chanter

❷ タクシーに乗れば間に合います。
　乗る　間に合う
　prendre, arriver à l'heure

❸ マチルド（Mathilde）は漫画を読んで日本語を習いました。
　日本語を習う
　apprendre le japonais,
　マンガを読む
　lire des mangas

答えと音声を確認しよう

もっと1 　en ＋現在分詞

現在分詞は、直説法現在 nous の活用語尾 -ons を -ant に変えて作ります。

$$\text{finir} \rightarrow \text{nous finiss}\textbf{ons} \rightarrow \textbf{finissant}$$
フィニール　ヌ　フィニソン　フィニサン

特殊な現在分詞をとる動詞が3つあります。

être（ある）	**étant** エタン
avoir（持つ）	**ayant** エイヤン
savoir（知っている）	**sachant** サシャン

もっと2 　用法：条件・手段・理由

同時性（〜しながら）のほか、条件、手段、理由、対立を表します。意味上の動作主は、主文の主語と同じです。

条件：もっとまじめに勉強したら、君たちは試験に合格します。
En travaillant plus sérieusement, vous réussirez aux examens.
アン トラヴァイアン　プリュ セリウズマン　ヴ　レユシレ　オ　ゼグザマン

手段：この小道をとることで、我々は渋滞を避けられました。
Nous avons pu éviter l'embouteillage **en prenant** cette petite rue.
ヌ　ザヴォン ピュ エヴィテ ランプテイアージュ　アン プルナン　セットゥ プティトゥ リュ

A

❶ Les écoliers ont marché en chantant.
レ ゼコリエ オン マルシェ アン シャンタン

❷ En prenant le taxi, on arrivera à l'heure.
アン プルナン ル タクシ オン ナリヴラ ア ルール

❸ Mathilde a appris le japonais en lisant des mangas.
マティルドゥ ア アプリル ジャポネ アン リザン デ マンガ

まとめ

❶ ジェロンディフは「**en＋現在分詞**」で表す。

❷ 現在分詞：直説法現在 **nous** の活用語尾 **-ons** を **-ant** に。
chanter → nous chant**ons** → **chantant**

❸ 「〜しながら」「〜すれば」「〜したので」「〜することで」
「〜にもかかわらず」など様々な副詞的働きがある。

Q ジェロンディフを使って文を完成させましょう。

❶ 病気なのだから、今日は外で遊んではいけません。
(être) malade, tu ne dois pas jouer dehors aujourd'hui.

> 外で
> **dehors**

❷ 彼女は泣きながら、恋人からの手紙を読んだ。
Elle a lu, (pleurer), la lettre de son ami.

> 泣く
> **pleurer**

❸ あなたは、練習問題をたくさん解くことでフランス語が上達しました。
Vous avez fait des progrès en français (faire) beaucoup d'exercices.

> 上達する
> **faire des progrès**

❹ もっとよく両親の言うことを聞けば、僕たちはもっとお小遣いをもらえるだろう。
(obéir) mieux à nos parents, nous aurons plus d'argent de poche.

> お小遣い
> **argent de poche** m

答えと音声を確認しよう

+α 現在分詞構文

現在分詞は、名詞を修飾することができます。

J'ai rencontré Sébastien **sortant** du cinéma.
ジェ ランコントレ セバスティアン ソルタン デュ シネマ
(映画館から出てくるセバスチアンに出会いました)

J'ai rencontré Sébastien **en sortant** du cinéma.
ジェ ランコントレ セバスティアン アン ソルタン デュ シネマ
(私は映画館から出てくるとき、セバスチアンに出会いました)

En attendant Godot
『ゴドーを待ちながら』(サミュエル・ベケット、1952年)

決して来ることのないゴドーを待ち続ける2人の男…。不条理演劇の代表的戯曲で、日本でも頻繁に上演されています。

A

❶ En étant malade, tu ne dois pas jouer dehors aujourd'hui.
アン ネタン マラードゥ テュ ヌ ドワ パ ジュエ ドゥオール オージュルドゥイ

❷ Elle a lu, en pleurant, la lettre de son ami.
エラ リュ アン プルラン ラ レットル ドゥ ソナミ

❸ Vous avez fait des progrès en français en faisant beaucoup d'exercices.
ヴ ザヴェ フェ デ プログレ アン フランセ アン フザン ボクー デグゼルシス

❹ En obéissant mieux à nos parents, nous aurons plus d'argent de poche.
アノベイサン ミュー ア ノ パラン ヌ ゾロン プリュス ダルジャン ドゥ ポッシュ

ジェロンディフ

まとめのドリル 6

1 動詞を半過去・複合過去にしましょう。

① Quand je (　　) du train, il (　　).
列車を降りると雪が降っていた。　　　　[**descendre / neiger**]

② Je (　　) la télévision quand mon père (　　) dans le salon.
私がテレビを見ていると父が居間に入ってきました。[**regarder / entrer**]

2 かっこ内の動詞を未来形にしましょう。

① Guillaume (　　) au théâtre ce soir.　　　[**aller**]

② Si vous venez, je (　　) heureux.　　　[**être**]

③ Vous (　　) votre copine.　　　[**ne plus voir**]

④ Nous (　　) un e-mail à notre mère.　　　[**envoyer**]

3 動詞を現在分詞にしましょう。

① Je cherche une secrétaire (　　) parler plusieurs langues.　　[**savoir**]

② (　　) de la fièvre, mon fils reste au lit.　　[**avoir**]

4 下線部を強調する文を作りましょう。

① Il a pris un avion ce matin.

→ _____

② Elle dansera avec Théo.

→ _____

5 かっこ内に適当な指示代名詞を入れましょう。

❶ Voilà ma voiture et (　　) de mon père.
ほらあそこに僕の車と父の車がありますよ。

❷ (　　) qui veulent un cadeau lèvent la main.
プレゼントが欲しい人は手を挙げて。

❸ Ce gâteau est moins bon que (　　)-là.
このお菓子はあのお菓子よりおいしくない。

こたえ

1
❶ suis descendu / neigeait　❷ regardais / est entré

2
❶ ira（ギヨームは今晩劇場に行く）　❷ serai（あなたが来てくれるなら私は嬉しい）　❸ ne verrez plus（あなたはもう恋人に会わないでしょう）　❹ enverrons（私たちは母にメールを送ります）

3
❶ sachant（何カ国語もできる秘書を探している）　❷ Ayant（熱があったので、私の息子は床についたままだ）

4
❶ C'est lui qui a pris un avion ce matin.（今朝飛行機に乗るのは彼です）　❷ C'est avec Théo qu'elle dansera.（彼女が踊るのはテオとです）

5
❶ celle　❷ Ceux　❸ celui

グルメばかりでなく

　あまりイメージがわかないかもしれませんが、フランスは世界有数の農業国です。なんでも、多くの国民が3代さかのぼると農民に行き着くそうです。どの町でも定期的に市が立ち、そこで売られる色とりどりの野菜や果物、肉や魚に乳製品は、どれも新鮮で安くておいしそうです。

　「うまし国フランス (la douce France)」とは、温暖な気候や豊饒な国土を指した言葉です。実際、フランス上空を飛行機で飛ぶと、大地の色がだいたい緑色に見えます。アルプスを越えてイタリアに入るとこれが茶色になるし、ピレネー山脈の先のスペインも全体的に黄土色が優勢です。古代ローマ皇帝カエサルが、このガリアの地を欲しがり侵攻したのも無理ありません。

　食料自給率は120％以上です。自給率30％台の我が国にとっては夢のような数字です。うらやましいですね。ただ、あまり食べ物を大事にしない気がします。デモ隊の抗議活動などで、食物にガソリンをかけて燃やしてしまうシーンをテレビのニュースで見て、嫌な思いをしたことがありました。

基本単語

A

acheter 買う
acteur (m) 俳優
actif 活動的な
adresse (f) 住所
adulte 大人
affaire (f) 用事
âge (m) 年齢
agir 振る舞う
aigu とがった
aimer 愛する
aimer (s') 愛し合う
aller 行く
américain アメリカの
ami 友だち、恋人
anglais (m) イギリスの／英語
année (f) 年
an (m) 年
appartement (m) アパルトマン
appeler 呼ぶ
appeler (s') 〜という名前である
apporter 持ってくる
apprendre 学ぶ
après 〜の後で
après-midi (m)(f) 午後
arbre (m) 木
argent (m) お金
arriver 到着する
assister 出席する
attendre 待つ
aujourd'hui 今日
aussi 〜もまた
autobus (m) バス
autre ほかの
avant 〜の前に
avec 〜と
avenue (f) 大通り
avion (m) 飛行機
avocat 弁護士
avoir 持つ

B

baguette (f) バゲット
bain (m) 風呂
banane (f) バナナ
banc (m) ベンチ
banque (f) 銀行
bas 低い
bateau (m) 船
beau 美しい
beaucoup たくさんの
bébé (m) 赤ちゃん
beige ベージュ色の
belge ベルギーの
besoin (m) 必要
beurre (m) バター
bien よく
bientôt もうすぐ
bière (f) ビール
bleu 青い
boeuf (m) 牛肉
boire 飲む
boisson (f) 飲み物
bon よい
bouquet (m) 花束
boutique (f) 店
bras (m) 腕
bruit (m) 騒音
bûche (f) 薪
bureau (m) 会社
bus (m) バス

C

ça それ、あれ、これ

cadeau m プレゼント
café m カフェ
campagne f いなか
carte f カード
cathédrale f 大聖堂
centre m 中心
certainement 確かに
chaise f 椅子
chambre f 寝室
champagne m シャンパン
chance f 運
chanson f 歌
chanter 歌う
chapeau m 帽子
chat m 猫
château m 城
chaud 暑い
chaussures f pl 靴
chef m シェフ
chemise f シャツ
cher 高価な
chercher 探す
cheveux m pl 髪
chez ～の家で
chien m 犬
chinois m 中国の／中国語
choisir 選ぶ
cinéma m 映画館
classe f 教室
cognac m コニャック
collège m 中学校
colline f 丘
combien いくつの
comme ～のように
comment どのように
confiance f 信頼
connaître 知っている
conseil m 助言
content 満足な
copine f 女友だち
coucher (se) 寝る
couleur f 色

couramment 流暢に
courses f pl 買いもの
couscous m クスクス
coûter 値段が～だ
crayon m 鉛筆
croissant m クロワッサン
cuisine f 料理
cultiver 栽培する
culture f 文化
cycle m サイクル

D

dans ～の中に
danser 踊る
dehors 外で
de ～から、～の
déjà すでに
déjeuner 昼食をとる
demain 明日
déménager 引っ越す
demi m 半分
dessert m デザート
devant ～の前で
devenir ～になる
devoir m
　～しなければならない／宿題
dictionnaire m 辞書
difficile 難しい
dîner 夕食をとる
dire 言う
donner 与える
dormir 眠る
douche f シャワー
doux 甘い

E

eau f 水
école f 学校
écolier m 小学生
écouter 聞く
écrire 書く
église f 教会

embouteillage m 渋滞
emmener 連れて行く
en ～で
enfance f 少年時代
enfant 子ども
entrer 入る
époque f 時代
équipe f チーム
Espagne f スペイン
esprit m エスプリ
essuyer 拭く
et ～と
Etats-Unis m pl アメリカ合衆国
été m 夏
être ある、いる
étudiant m 学生
euro m ユーロ
Europe f ヨーロッパ
éviter 避ける
examen m 試験
exemple m 例
exercice m 練習

F

fac f 大学
faim f 空腹
faire する
falloir 必要である
famille f 家族
fatigué 疲れた
favori 気に入りの
femme f 女性、妻
fenêtre f 窓
fermer 閉める
fête f パーティー
fier ～が自慢である
fille f 娘
film m 映画
fils m 息子
finir 終える
fleur f 花
football m サッカー

français m フランスの／フランス語
France f フランス
frère m 兄弟
frigo m 冷蔵庫
froid 寒い
fromage m チーズ

G

garçon m 少年
gare f 駅
gâteau m 菓子
général 一般的な
gomme f 消しゴム
gorge f のど
goût m 味
grand 大きい
grands-parents m pl
  祖父母
gros 太った
gym f ジム

H

habiter 住む
haut 高い
hauteur f 高さ
héros m 英雄
heure f 時間
heureuse 幸せな
histoire f 話、歴史
hiver m 冬
homme m 男性
hôtel m ホテル
huile f 油
humide 湿った

I

immeuble m 建物
important 重要な
intelligent 頭のいい
intéressant 面白い
intéresser (s') 関心をもつ

J

- jamais 決して〜ない
- Japon (m) 日本
- japonais (m) 日本の／日本語
- jardin (m) 庭
- jeune 若い
- jouer 遊ぶ
- jour (m) 日
- journal (m) 新聞
- jupe (f) スカート

L

- là そこ
- lait (m) 牛乳
- langue (f) 言語
- laver 洗濯する
- leçon (f) 授業
- léger 軽い
- légume (m) 野菜
- lentement ゆっくり
- lettre (f) 手紙
- lire 読む
- lit (m) ベッド
- livre (m) 本
- loin 遠い
- long 長い
- lorsque その時
- lunettes (f)(pl) 眼鏡
- lycée (m) 高校

M

- maintenant 今
- mais しかし
- maison (f) 家
- mal 悪く
- malade 病気の
- manger 食べる
- manuel (m) 教科書
- marché (m) 市場
- marcher 歩く
- marier (se) 結婚する
- matin (m) 朝
- médicament (m) 薬
- même 同じ
- mère (f) 母
- métro (m) 地下鉄
- mettre 置く
- midi (m) 正午
- minuit (m) 真夜中
- minute (f) 分
- mois (m) 月
- monde (m) 世界
- montrer 見せる
- mot (m) 言葉
- moto (f) オートバイ
- mur (m) 壁
- musée (m) 美術館
- musicien 音楽家

N

- naître 生まれる
- natation (f) 水泳
- naturel 自然の
- ne 〜ない
- neuf 新品の
- nombre (m) 数
- nouveau 新しい
- nuage (m) 雲
- numéro (m) 番号

---

mois
- janvier（1月）
- février（2月）
- mars（3月）
- avril（4月）
- mai（5月）
- juin（6月）
- juillet（7月）
- août（8月）
- septembre（9月）
- octobre（10月）
- novembre（11月）
- décembre（12月）

O

obéir 従う
occupé 忙しい
occuper (s') 面倒を見る
oeuf m 卵
offrir 贈る
oiseau m 鳥
omelette f オムレツ
oncle m おじ
orange f オレンジ
ordinateur m パソコン
oreille f 耳
où どこ
oui はい
ouvrir 開ける

P

pain m パン
panier m かご
par 〜によって
parapluie m 傘
parc m 公園
pardon ごめんなさい
parents pl 両親
parfum m. 香水
Parisienne f パリジェンヌ
parler 話す
partir 出発する
pas 〜ない
passer 通る
pâté f パテ
payer 払う
pays m 国
peindre 絵を描く
peintre m 画家
père m 父
personne f 人
petit 小さい
peu ほんの少し
philosophie f 哲学

---

pays ・女性名詞の国（語尾が -e）
　　　　Angleterre（イギリス）
　　　　Chine（中国）
　　　　Corée（韓国） ＊ Vous venez **de** Corée.（あなたは韓国出身です）
　　　　Espagne（スペイン） ＊ Elle va **en** Espagne.（彼女はスペインへ行く）
　　　　France（フランス）
　　　　Italie（イタリア）
　　　　Russe（ロシア）
　　　・男性名詞の国（語尾はほとんどが -e 以外）
　　　　Brésil（ブラジル） ＊ Ils viennent **du** Brésil.（彼らはブラジル出身です）
　　　　Canada（カナダ）
　　　　Japon（日本）
　　　　Portugal（ポルトガル）
　　　　Viétnam（ベトナム） ＊ Je vais **au** Viétnam.（私はベトナムへ行く）
　　　・複数名詞の国
　　　　Etats-Unis（アメリカ） ＊ Nous allons **aux** Etats-Unis.（私たちはアメリカへ行く）
　　　　Pays-Bas（オランダ） ＊ Tu viens **des** Pays-Bas.（君はオランダ出身です）

photo f 写真
piano m ピアノ
piscine f プール
plaire 気に入る
plat m 料理
pleurer 泣く
pleuvoir 雨が降る
plus より多く
poche f ポケット
point f 点
poivre m 胡椒
pomme f リンゴ
portable m 携帯電話
porter 持つ、抱える
poste f 郵便局
pour 〜のために
pourquoi なぜ
pouvoir 〜できる
prendre 取る
prêter 貸す
prochain 次の
professeur m 教授
progrès m 上達
promenade f 散歩
propre きれいな
pull m セーター

Q

quand いつ
quel どんな、どの
question f 質問
quoi 何

R

radio f ラジオ
raison f 理由

rappeler (se) 思い出す
recommander 薦める
regarder 見る
rencontrer 会う
rentrer 帰る
répondre 答える
restaurant m レストラン
résultat m 結果
réussir 成功する
revenir 戻ってくる
revue f 雑誌
riche 金持ちの
rien 何も〜ない
robe f ワンピース
roman m 小説
rose f バラ
rouge 赤い
rouler (車が)走る
route f 道
royal 王の
rue f 道
Russie f ロシア

S

sac m サック
saison f 季節
savoir 知っている
sec 乾いた
secret 秘密の
sel m 塩
semaine f 週
sérieusement まじめに
sérieux まじめな
seule ただひとつの
sinon そうしなければ
site m サイト

---

semaine lundi（月曜日） mardi（火曜日） mercredi（水曜日）
jeudi（木曜日） vendredi（金曜日）
samedi（土曜日） dimanche（日曜日）

sœur f 姉妹
soir m 夜
soldes m pl バーゲン
soleil m 太陽
sonner 鳴る
sortir 外出する
soupe f スープ
souvent たびたび
souvenir de (se) 思い出す
sport m スポーツ
station f 駅
style m スタイル
stylo m ペン
supermarché m スーパーマーケット
sur ～の上に
sympa 感じのいい
syndicat m 組合

T

table f テーブル
tableau m 絵
talentueux 才能のある
tante f おば
taxi m タクシー
téléphoner 電話する
télévision f テレビ
temps m 時間
tête f 頭
théâtre m 劇場
tomate f トマト
tôt 早く
toujours いつも
tour f 塔
tout 全部
tout de suite すぐに
traditionnel 伝統的な
train m 電車
tranquille 静かな
travail m 仕事
travailler 働く
tremblement de terre m 地震
très とても

tromper (se) 間違える
trop あまりに
trouver 思う
trouver (se) ある
type m タイプ

V

vacances f pl ヴァカンス
valise f スーツケース
vaste 広い
vélo m 自転車
venir 来る
vent m 風
vérité f 真実
vers ～のほうへ
vert 緑の
vêtement m 洋服
viande f 肉
vie f 人生、生活
vieux 年取った、古い
villa f 別荘
ville f 町
vin m ワイン
visiter 訪ねる
vite 速く
voir 見る
voiture f 車
vouloir ～したい
voyage m 旅行
voyager 旅行する

W

week-end m 週末

Z

zoo m 動物園

重要動詞活用表

		現在		半過去		単純未来	
	être …である	je tu il n. v. ils	suis es est sommes êtes sont	j' tu il n. v. ils	étais étais était étions étiez étaient	je tu il n. v. ils	serai seras sera serons serez seront
現分 過分	étant été						
	avoir 持っている	j' tu il n. v. ils	ai as a avons avez ont	j' tu il n. v. ils	avais avais avait avions aviez avaient	j' tu il n. v. ils	aurai auras aura aurons aurez auront
現分 過分	ayant eu						
	aimer 愛する	j' tu il n. v. ils	aime aimes aime aimons aimez aiment	j' tu il n. v. ils	aimais aimais aimait aimions aimiez aimaient	j' tu il n. v. ils	aimerai aimeras aimera aimerons aimerez aimeront
現分 過分	aimant aimé						
	acheter 買う	j' tu il n. v. ils	achète achètes achète achetons achetez achètent	j' tu il n. v. ils	achetais achetais achetait achetions achetiez achetaient	j' tu il n. v. ils	achèterai achèteras achètera achèterons achèterez achèteront
現分 過分	achetant acheté						
	appeler 呼ぶ	j' tu il n. v. ils	appelle appelles appelle appelons appelez appellent	j' tu il n. v. ils	appelais appelais appelait appelions appeliez appelaient	j' tu il n. v. ils	appellerai appelleras appellera appellerons appellerez appelleront
現分 過分	appelant appelé						
	manger 食べる	je tu il n. v. ils	mange manges mange mangeons mangez mangent	je tu il n. v. ils	mangeais mangeais mangeait mangions mangiez mangeaient	je tu il n. v. ils	mangerai mangeras mangera mangerons mangerez mangeront
現分 過分	mangeant mangé						

			現在		半過去		単純未来
	payer	je	paie	je	payais	je	paierai
	払う	tu	paies	tu	payais	tu	paieras
		il	paie	il	payait	il	paiera
		n.	payons	n.	payions	n.	paierons
現分	payant	v.	payez	v.	payiez	v.	paierez
過分	payé	ils	paient	ils	payaient	ils	paieront
	aller	je	vais	j'	allais	j'	irai
	行く	tu	vas	tu	allais	tu	iras
		il	va	il	allait	il	ira
		n.	allons	n.	allions	n.	irons
現分	allant	v.	allez	v.	alliez	v.	irez
過分	allé	ils	vont	ils	allaient	ils	iront
	finir	je	finis	je	finissais	je	finirai
	終える	tu	finis	tu	finissais	tu	finiras
		il	finit	il	finissait	il	finira
		n.	finissons	n.	finissions	n.	finirons
現分	finissant	v.	finissez	v.	finissiez	v.	finirez
過分	fini	ils	finissent	ils	finissaient	ils	finiront
	partir	je	pars	je	partais	je	partirai
	出発する	tu	pars	tu	partais	tu	partiras
		il	part	il	partait	il	partira
		n.	partons	n.	partions	n.	partirons
現分	partant	v.	partez	v.	partiez	v.	partirez
過分	parti	ils	partent	ils	partaient	ils	partiront
	venir	je	viens	je	venais	je	viendrai
	来る	tu	viens	tu	venais	tu	viendras
		il	vient	il	venait	il	viendra
		n.	venons	n.	venions	n.	viendrons
現分	venant	v.	venez	v.	veniez	v.	viendrez
過分	venu	ils	viennent	ils	venaient	ils	viendront
	ouvrir	j'	ouvre	j'	ouvrais	j'	ouvrirai
	開ける	tu	ouvres	tu	ouvrais	tu	ouvriras
		il	ouvre	il	ouvrait	il	ouvrira
		n.	ouvrons	n.	ouvrions	n.	ouvrirons
現分	ouvrant	v.	ouvrez	v.	ouvriez	v.	ouvrirez
過分	ouvert	ils	ouvrent	ils	ouvraient	ils	ouvriront

			現在		半過去		単純未来
	faire する	je	fais	je	faisais	je	ferai
		tu	fais	tu	faisais	tu	feras
		il	fait	il	faisait	il	fera
		n.	faisons	n.	faisions	n.	ferons
現分	faisant	v.	faites	v.	faisiez	v.	ferez
過分	fait	ils	font	ils	faisaient	ils	feront
	prendre 手に取る	je	prends	je	prenais	je	prendrai
		tu	prends	tu	prenais	tu	prendras
		il	prend	il	prenait	il	prendra
		n.	prenons	n.	prenions	n.	prendrons
現分	prenant	v.	prenez	v.	preniez	v.	prendrez
過分	pris	ils	prennent	ils	prenaient	ils	prendront
	attendre 待つ	j'	attends	j'	attendais	j'	attendrai
		tu	attends	tu	attendais	tu	attendras
		il	attend	il	attendait	il	attendra
		n.	attendons	n.	attendions	n.	attendrons
現分	attendant	v.	attendez	v.	attendiez	v.	attendrez
過分	attendu	ils	attendent	ils	attendaient	ils	attendront
	dire 言う	je	dis	je	disais	je	dirai
		tu	dis	tu	disais	tu	diras
		il	dit	il	disait	il	dira
		n.	disons	n.	disions	n.	dirons
現分	disant	v.	dites	v.	disiez	v.	direz
過分	dit	ils	disent	ils	disaient	ils	diront
	boire 飲む	je	bois	je	buvais	je	boirai
		tu	bois	tu	buvais	tu	boiras
		il	boit	il	buvait	il	boira
		n.	buvons	n.	buvions	n.	boirons
現分	buvant	v.	buvez	v.	buviez	v.	boirez
過分	bu	ils	boivent	ils	buvaient	ils	boiront
	connaître 知っている	je	connais	je	connaissais	je	connaîtrai
		tu	connais	tu	connaissais	tu	connaîtras
		il	connaît	il	connaissait	il	connaîtra
		n.	connaissons	n.	connaissions	n.	connaîtrons
現分	connaissant	v.	connaissez	v.	connaissiez	v.	connaîtrez
過分	connu	ils	connaissent	ils	connaissaient	ils	connaîtront

			現在		半過去		単純未来
	mettre 置く	je	mets	je	mettais	je	mettrai
		tu	mets	tu	mettais	tu	mettras
		il	met	il	mettait	il	mettra
		n.	mettons	n.	mettions	n.	mettrons
現分	mettant	v.	mettez	v.	mettiez	v.	mettrez
過分	mis	ils	mettent	ils	mettaient	ils	mettront
	écrire 書く	j'	écris	j'	écrivais	j'	écrirai
		tu	écris	tu	écrivais	tu	écriras
		il	écrit	il	écrivait	il	écrira
		n.	écrivons	n.	écrivions	n.	écrirons
現分	écrivant	v.	écrivez	v.	écriviez	v.	écrirez
過分	écrit	ils	écrivent	ils	écrivaient	ils	écriront
	lire 読む	je	lis	je	lisais	je	lirai
		tu	lis	tu	lisais	tu	liras
		il	lit	il	lisait	il	lira
		n.	lisons	n.	lisions	n.	lirons
現分	lisant	v.	lisez	v.	lisiez	v.	lirez
過分	lu	ils	lisent	ils	lisaient	ils	liront
	plaire 気に入る	je	plais	je	plaisais	je	plairai
		tu	plais	tu	plaisais	tu	plairas
		il	plaît	il	plaisait	il	plaira
		n.	plaisons	n.	plaisions	n.	plairons
現分	plaisant	v.	plaisez	v.	plaisiez	v.	plairez
過分	plu	ils	plaisent	ils	plaisaient	ils	plairont
	pouvoir …できる	je	peux	je	pouvais	je	pourrai
		tu	peux	tu	pouvais	tu	pourras
		il	peut	il	pouvait	il	pourra
		n.	pouvons	n.	pouvions	n.	pourrons
現分	pouvant	v.	pouvez	v.	pouviez	v.	pourrez
過分	pu	ils	peuvent	ils	pouvaient	ils	pourront
	vouloir 欲しい	je	veux	je	voulais	je	voudrai
		tu	veux	tu	voulais	tu	voudras
		il	veut	il	voulait	il	voudra
		n.	voulons	n.	voulions	n.	voudrons
現分	voulant	v.	voulez	v.	vouliez	v.	voudrez
過分	voulu	ils	veulent	ils	voulaient	ils	voudront

		現在		半過去		単純未来	
	devoir	je	dois	je	devais	je	devrai
	…しなければならない	tu	dois	tu	devais	tu	devras
		il	doit	il	devait	il	devra
		n.	devons	n.	devions	n.	devrons
現分	devant	v.	devez	v.	deviez	v.	devrez
過分	dû	ils	doivent	ils	devaient	ils	devront
	voir	je	vois	je	voyais	je	verrai
	見る	tu	vois	tu	voyais	tu	verras
		il	voit	il	voyait	il	verra
		n.	voyons	n.	voyions	n.	verrons
現分	voyant	v.	voyez	v.	voyiez	v.	verrez
過分	vu	ils	voient	ils	voyaient	ils	verront
	savoir	je	sais	je	savais	je	saurai
	知っている	tu	sais	tu	savais	tu	sauras
		il	sait	il	savait	il	saura
		n.	savons	n.	savions	n.	saurons
現分	sachant	v.	savez	v.	saviez	v.	saurez
過分	su	ils	savent	ils	savaient	ils	sauront
	falloir	il	faut	il	fallait	il	faudra
	必要である						
過分	fallu						
	pleuvoir	il	pleut	il	pleuvait	il	pleuvra
	雨が降る						
現分	pleuvant						
過分	plu						

さぼった日も忙しい日もチラ見するだけ
おさぼりカード

1 文字と発音

❶ 複母音字の読み方を覚えよう。

❷ 語末の子音字とeは発音しない。

❸ 英語と似たスペルの単語に注意。

2 不定冠詞、提示表現 voici, voilà

❶ 名詞は不定冠詞をつけて性とともに覚えよう。

❷ 不定冠詞
男性単数 un、女性単数 une、複数 des

❸ 「〜があります（います）」
Voici ＋近くのもの、Voilà ＋遠くのもの

3 定冠詞、提示表現 c'est, ce sont

❶ 定冠詞：男性単数 le (l')、女性単数 la (l')、複数 les

❷ 新出の名詞には不定冠詞、既出の名詞には定冠詞、と覚えよう。

❸ 提示表現「これは・これらは〜です」
C'est ＋単数名詞
Ce sont ＋複数名詞

持ち歩きに便利なPDFも三修社のホームページで公開しています。
http://www.sanshusha.co.jp/

4 部分冠詞、提示表現 il y a

❶ 部分冠詞は数えられない名詞につく。
 du poisson（切り身の魚）
 ＊「海で泳ぐ魚」は数えられるので **un** poisson。
 du café（コーヒー）
 ＊「喫茶店」は数えられるので **un** café。

❷「〜があります（います）」
 Il y a ＋不定・部分冠詞＋名詞
 ＊場所は、前置詞（dans（〜の中に）, sur（〜の上に）など）＋定冠詞＋名詞で表します。

5 主語人称代名詞、第一群規則動詞

❶ フランス語では動詞が主語に合わせて活用する。

❷ 主語人称代名詞は、je, tu, il/elle, nous, vous, ils/elles

❸ 第一群規則動詞
 不定法から -er を除いた部分に、以下の活用語尾をつける。
 regard**er** → regard ＋ **-e, es, -e, -ons, -ez, -ent**

6 être、否定文

❶ être の直説法現在

je suis	nous sommes
tu es	vous êtes
il/elle est	ils/elles sont

❷ 否定文は、動詞を ne と pas で挟んで作る。
 Elle **est** grande. → Elle **n'est pas** grande.

7 avoir

❶ avoirは不規則変化する。

j' ai	nous avons
tu as	vous avez
il/elle a	ils/elles ont

❷ avoir ○ ans「〜歳です」、avoir + faim（空腹だ）、chaud（暑い）、froid（寒い）などの表現がある。

❸ 否定のde：un, une, des, du, de la → de (d')

8 所有形容詞

❶ 英語のmyやyourにあたり、修飾する名詞と性数一致する。

	男性単数	女性単数	複数
私の	mon	ma (mon)	mes
君の	ton	ta (ton)	tes
彼、彼女の	son	sa (son)	ses
私たちの	notre	notre	nos
あなたが(がた)の	votre	votre	vos
彼ら、彼女たちの	leur	leur	leurs

❷ 所有者ではなく、所有される名詞の性に従う。
＊son filsは、彼（または彼女）の息子。

9 疑問文

❶ イントネーションを上げる。

❷ 文頭にEst-ce queをつける。
＊queはエリジオンする。

❸ 主語と動詞を倒置する。
＊倒置した動詞と主語は「-」で結ぶ。

❹ 主語が代名詞以外のとき：
主語名詞 動詞 - 代名詞〜？

10 第二群規則動詞

❶ 語尾の -ir が -is, -is, -it, -issons, -issez, -issent に変化する。

❷ 不規則な変化に注意。

finir

je finis	nous finissons
tu finis	vous finissez
il finit	ils finissent

partir

je pars	nous partons
tu pars	vous partez
il part	ils partent

11 aller / venir

❶ aller は、-er で終わる動詞の例外。
je **vais**, tu **vas**, il **va** ...

❷ venir の変化：je **viens**, tu **viens**, il **vient** ...

❸ それぞれ、3人称複数の活用に注意。
aller à (〜へ行く) 　　ils vont
venir de (〜から来る)　ils viennent

12 近接未来・近接過去

近接未来 (aller＋不定法)、近接過去 (venir ＋不定法)は、本動詞を活用しなくてすむので、初級会話では便利。

❶ aller ＋不定法　　　これから〜します、〜しに行く

❷ venir de ＋不定法　〜したばかりです

❸ venir ＋不定法　　〜しに来る

13 faire / prendre

faire

je fais	nous faisons
tu fais	vous faites
il fait	ils font

prendre

je prends	nous prenons
tu prends	vous prenez
il prend	ils prennent

❶ スポーツはfaire＋部分冠詞、家事はfaire＋定冠詞で表す。

❷ prendre型：comprendre（理解する）、apprendre（習う）など。

14 形容詞の位置、女性形

❶ フランス語の形容詞は原則名詞の後に。

❷ 音節が短い形容詞には、名詞の前に置かれるものも。

❸ 女性形は、男性形＋eが基本。

❹ 語末が変化するもの、子音を重ねるものに注意。
un bon‿acteur italien （イタリアの名優）
une bonne‿actrice italienne （イタリアの名女優）

15 形容詞の男性単数第二形・複数形

	男性単数	男性第二形	女性単数	男性複数	女性複数
きれいな	beau	bel	belle	beaux	belles
新しい	nouveau	nouvel	nouvelle	nouveaux	nouvelles
古い	vieux	vieil	vieille	vieux	vieilles

❶ 複数形は単数形＋s。

❷ -s, -xで終わる単語は変化しない。

16 疑問代名詞

	主語	直接目的語、属詞
誰	Qui Qui est-ce qui	Qui＋倒置疑問文 Qui est-ce que 主語＋動詞＋qui
何	Qu'est-ce qui	Que＋倒置疑問文 Qu'est-ce que 主語＋動詞＋**quoi**

あれは誰ですか？　**Qui** est-ce ?/ C'est **qui** ?
これは何ですか？　**Qu'est-ce que** c'est ?/ C'est **quoi** ?

17 疑問形容詞　quel

quelは定型の疑問文を形成することが多い。

❶ Quel＋名詞＋疑問文？で、「どんな〜ですか？」

❷ Quel＋être＋主語？で、「〜は何ですか？」

❸ quel, quels, quelle, quellesの発音は「ケル」。

❹ Quel＋名詞！で、「なんて〜なんだ！」

18 非人称構文

❶ 天候・時などを表す非人称構文
　Il fait 〜.（天気が〜だ）
　Il est 〜heures.（今〜時だ）
　Il faut 〜.（〜しなければならない）

❷ pleuvoir, neigerの人称変化は3人称単数のみ。
　Il pleut [neige].（雨[雪]が降っています）

❸ Il est ＋形容詞＋de＋不定法は、会話ではC'estも可。

19 比較級、最上級

❶ 比較級
　　plus ＋形容詞・副詞＋ **que ～**　　～より…
　　aussi ＋形容詞・副詞＋ **que ～**　～と同じくらい…
　　moins ＋形容詞・副詞＋ **que ～**　～より…でない

❷ 最上級
　　le(la, les) ＋ **plus** ＋形容詞/副詞＋ **de ～**
　　　～の中でもっとも…
　　le(la, les) ＋ **moins** ＋形容詞/副詞＋ **de ～**
　　　～の中でもっとも…でない

20 不規則動詞

❶ 単数人称の発音は同じで、語尾は **-s, -s, -t (-x, -x, -t)**。
　　vouloir (～したい)　　　　　　　　je veux
　　pouvoir (～できる)　　　　　　　　je peux
　　devoir (～しなければならない)　　je dois

❷ nous と vous の語幹は同じことが多い。

❸ 3人称複数は動詞によって異なった変化をする。

21 命令法

❶ 2人称と1人称複数の文から主語を除く。
　　tu bois → **Bois** de l'eau. (水を飲みなさい)

❷ tu の活用が –es, -as で終わる動詞は語末の s が落ちる。
　　tu vas → **Va** au lit !(ベッドに行きなさい！)

22 疑問副詞

1. どこ　　　　　　**où ?**
   ウ
2. いつ　　　　　　**quand ?**
   カン
3. どのように　　　**comment ?**
   コモン
4. いくつ、いくら　**combien ?**
   コンビヤン
5. どうして　　　　**pourquoi ?**
   プルコワ

23 複合過去

1. 多くは avoir ＋過去分詞
   - **-er → -é** タイプ
     marcher（歩く）　j'ai marché　　tu as marché …
   - **-ir → -i** タイプ
     finir（終える）　j'ai fini　　　tu as fini …
2. 移動を表す動詞は être ＋過去分詞。主語に性数一致する。
3. 助動詞に être をとる主な動詞
   aller（行く）、venir（来る）、partir（出発する）、arriver（着く）、naître（生まれる）、mourir（死ぬ）、rentrer（帰宅する）
4. 否定は助動詞を ne と pas で挟む。

24 補語人称代名詞

1. 語順は、主語(ne)＋代名詞＋動詞(pas)
2. 直接目的補語（～を）
   me　te　le　la　nous　vous　les
3. 間接目的補語（～に）
   me　te　lui　lui　nous　vous　leur

25 代名動詞

❶ 「再帰的用法（自分を（に）〜する）se coucher（寝る）」「相互的用法（お互いに〜する）s'aimer（愛し合う）」「受動的用法（〜されている）s'écrire（書かれる）」などの用法がある。

❷ 語順は、補語人称代名詞と同じ。
Vous vous couchez tôt.　Vous **ne** vous couchez **pas** tôt.

26 関係代名詞

❶ 関係代名詞は先行詞の関係節内での働きによって決まる。
la ville **qui** est loin d'ici（ここから遠い町）（主語）
la ville **que** j'aime bien（私がとても好きな町）（直接目的語）
la ville **où** je suis né（私が生まれた町）（場所）
la ville **dont** le centre est un grand parc（de+）
（中央が大きな公園の町）

❷ dontの関係節でよく使うdeを伴う重要な動詞表現
parler de（〜について話す）、avoir besoin de（〜が必要である）、se souvenir de（〜を覚えている）、avoir peur de（〜が恐い）、être fier de（〜を誇りに思う）など。

27 半過去

❶ 複合過去が過去に完了した行為（「〜しました」）を表すのに対し、半過去は進行していた行為、状態、習慣（「〜していました」）を表す。

❷ 語幹は、nousの直説法現在形から-onsを除いた形。
ただし、êtreの語幹はét-。

❸ 語尾は、例外なく -ais, -ais, -ait, -ions, -iez, -aient。

28 中性代名詞

❶ en
- 限定されていない直接目的補語
  J'en veux trois.（それを3つ欲しい）
- de ＋名詞
  J'en ai besoin.（それが必要です）
  <avoir besoin de …（…が必要である）

❷ y
- 場所　　On va y entrer.（そこに入ろう）
- à ＋名詞　Elle y a répondu.（それに返事をしました）
  <répondre à …（…に返事をする）

29 単純未来

❶ 作り方は「不定法＋共通語尾」

je	-ai	nous	-ons
tu	-as	vous	-ez
il	-a	ils	-ont

❷ 特殊な語幹をとる動詞
être - je serai、avoir – j' aurai、aller – j' irai、
venir – je viendrai、faire – je ferai、voir – je verrai、
savoir – je sauraiなど。

30 ジェロンディフ

❶ ジェロンディフは「**en ＋現在分詞**」で表す。

❷ 現在分詞：直説法現在**nousの活用語尾 -onsを -ant**に。
chanter → nous chant**ons** → **chantant**

❸「～しながら」「～すれば」「～したので」「～することで」「～にもかかわらず」など様々な副詞的働きがある。

著者プロフィール

稲垣正久（いながき・まさひさ）
慶応義塾大学、法政大学、大妻女子大学、エスパス・ラング東京講師。パリとトゥールに計7年留学。初級文法の教授経験が豊富で、明るい授業に定評がある。

だいたいで楽しい(たの)フランス語入門(ご にゅうもん)　使える文法

2014年3月30日　第1刷発行
2020年7月20日　第3刷発行

著　者　　稲垣正久
発行者　　前田俊秀
発行所　　株式会社 三修社
　　　　　〒150-0001　東京都渋谷区神宮前2-2-22
　　　　　TEL 03-3405-4511　FAX 03-3405-4522
　　　　　https://www.sanshusha.co.jp
　　　　　振替00190-9-72758
　　　　　編集担当　伊吹 和真
印　刷　　萩原印刷株式会社
CD製作　　株式会社メディアスタイリスト

©Masahisa Inagaki 2014 Printed in Japan
ISBN978-4-384-04592-5 C1085

JCOPY〈出版者著作権管理機構 委託出版物〉
本書の無断複製は著作権法上での例外を除き禁じられています。複製される場合は、そのつど事前に、出版者著作権管理機構（電話 03-5244-5088 FAX 03-5244-5089 e-mail: info@jcopy.or.jp）の許諾を得てください。

イラスト：七海らっこ
本文デザイン：スペースワイ
カバーデザイン：白畠かおり